FENG SHUI
FÜR DIE WOHNUNG

Werner Waldmann
Pat Allin

FENG SHUI

FÜR DIE WOHNUNG

PRAKTISCHE TIPS FÜR WOHNUNGSSUCHE, EINRICHTUNG UND UMGESTALTUNG

Urania

Die Deutsche Bibliothek - CIP-Einheitsaufnahme

Waldmann, Werner:

Feng Shui für die Wohnung : praktische Tips für
Wohnungssuche, Einrichtung und Umgestaltung /
Werner Waldmann ; Pat Allin. [Zeichn.: Katrin
Beyer]. - Berlin : Urania Verlag, 1998
ISBN 3-332-00657-6

Umschlaggestaltung: Rex Verlagsproduktion

Titelbild: IKEA Deutschland

Zeichnungen: Dr. Katrin Beyer

Redaktion: Marion Zerbst

Korrektur: Karl Beer, Andrew Leslie

DTP-Supervisor: Bernd Hirschmeier

Scans: Eva Maldener

Produktion: Meditext; Stuttgart

Druck: Westermann Druck Zwickau GmbH

Printed in Germany

Gedruckt auf alterungsbeständigem Papier und
chlorfrei gebleichtem Zellstoff

© 1998 by Urania Verlag
in der Dornier Medienholding GmbH, Berlin.

ISBN 3-332-00657-6

Bildnachweis: Hong Kong Tourist Association (4),
Dr. Christian Kaplan (19), MediText (9)

02 01 00 5 4 3 2

INHALT

HAUS UND WOHNUNG ALS HORT UNSERES SELBST

„My home is my castle": Dieses alte Sprichwort aus einem Land, dessen kauzige Einwohner traditionell als häuslich gelten, Großbritannien nämlich, sagt alles über ein nicht unwesentliches Bedürfnis der meisten Menschen, sich nach den Mühen des Tages (oder der Nacht) irgendwo in ein eigenes Refugium zurückziehen zu können. Für die einen ist das in der Tat ein riesiges Schloß, ein gigantischer Palast, eine luxuriöse Villa, für die anderen ein biederes Reihenhaus, eine Etagenwohnung im zehnten Stock oder vielleicht auch nur ein kleines Zimmer mit Kochnische; ja sogar eine sorgfältig mit alten Pappkartons vor Wind und neugierigen Passantenblicken abgeschirmte Ecke unter einer stinkenden, schmutzigen Brücke mag ihrem Bewohner ein teures Heim sein.

Die Natur hat es eben so eingerichtet: Einen ganzen Tag lang läuft die Maschine Mensch, dann braucht sie eine Ruhephase, muß neue Kraft tanken. Es mag Leute geben, die sich überall wohl fühlen; die Regel ist das aber nicht. Sicher reisen viele Menschen gerne und ausgiebig, privat oder geschäftlich, doch irgendwie fühlen sie sich erleichtert, wenn sie nach Tagen oder Wochen endlich wieder ihre Haus- oder Wohnungstür aufschließen und die vertrauten vier Wände um sich haben.

Die Wohnung – ein heiliger Ort

Der Ort, an dem wir zu Hause sind, das Haus, die Wohnung, bietet Sicherheit und Bequemlichkeit. Beides braucht man, um sich innerlich zu stärken. Die Tür ist ins Schloß gefallen, wir sind unter uns, alleine oder zusammen mit Menschen, die uns sehr nahestehen. Die Welt bleibt draußen, ausgesperrt. Verhalten dringt der Straßenlärm zu uns herein. Hier fühlt man sich sicher, man kann sich hängen lassen, entspannen. Es droht keine „Gefahr". Wenn es an der Tür klingelt, kann man öffnen – oder auch nicht. Das Telefon kann man ebenso ignorieren. Die Wohnung ist unser eigenes Reich, in dem ausschließlich wir das Sagen haben.

Dieses Bedürfnis des Menschen nach seiner ureigenen Höhle ist so elementar, daß das Gesetz in allen Rechtsstaaten seinen Bürgern garantiert, daß – außer in gravierenden Notfällen – die Wohnung unverletzlich ist und niemand ohne weiteres Zutritt erzwingen darf.

Eine Wohnung einzurichten ist in erster Linie eine Sache des persönlichen Geschmacks: Der Wohnungsinhaber muß sich darin wohl fühlen. So spiegelt jede Einrichtung die Persönlichkeit des Menschen wider, der darin lebt.

Trautes Heim schenkt Wohlbefinden

Zu Hause will man aber nicht nur sicher und geborgen sein, sondern sich auch wohl fühlen, es bequem und behaglich haben.

Eine ganze Industrie lebt davon, daß sie uns schöne Fußböden und Tapeten liefert, Vorhänge, Möbel, Lampen aller Arten, und nicht genug: Bilder, Statuen, Gläser, unzählige Gegenstände, die eine Wohnung verschönern, mal in diesem, mal in jenem Stil.

Schauen Sie sich einmal an einem Kiosk um, wie viele Zeitschriften sich mit Haus und Wohnung beschäftigen. Man mag sich wundern, daß sich immer wieder neue Arrangements von Möbeln finden lassen, neue Möglichkeiten, Formen und Farben zu kombinieren.

Oder nehmen Sie die dicken Kunstdruckkataloge der Möbelhäuser und Einrichtungsgeschäfte, vom Billigniveau bis zu den kostbarsten Angeboten, einmal zur Hand. Natürlich soll der Leser Appetit bekommen, soll mit kreativen Tricks seine Konsumlust geweckt werden, doch bei aller Kritik muß man auch zugestehen, daß einem solche Kata-

loge mit diesen bunten, verführerischen Bildern und Ideen gefallen. Man bekommt Lust, sich auszumalen, wie man das Interieur seiner eigenen vier Wände schöner, attraktiver gestalten kann. Auch wenn man nur hier und da korrigiert, einen neuen Teppich kauft, die Tapeten wechselt, eine Vitrine ersteht und endlich den bislang nur im Schlafzimmerschrank aufbewahrten kostbaren, mundgeblasenen Gläsern einen Platz bietet, an dem man sie nun jeden Tag bewundern kann.

Das Ziel all dieser Magazine und Kataloge ist es, immer wieder neue Wohnmöglichkeiten zu kreieren oder eigentlich: dem Leser, dem potentiellen Käufer Ideen anzubieten, wie er sein Zuhause noch schöner, noch romantischer, noch gemüt-

licher, noch persönlicher gestalten kann – warum eigentlich? Ja, um sich in seiner Privatsphäre einfach sehr wohl zu fühlen.

Ganz offenbar ist auch das bei uns Menschen ein elementares Bedürfnis.

Wohl fühlen – ja, aber wie?

Ganz so leicht ist es allerdings mit dem Wohlfühlen nicht. Was Wunsch ist, muß noch lange nicht Wirklichkeit sein. Es gibt Menschen, die ihr Haus, ihre Wohnung meiden, wann sie nur können. Ihr Refugium ist nur ein Abstellplatz ihrer Besitztümer und Schlafstätte für die Nacht. Man sagt einfach achselzuckend, daß dies unstete Zeitge-

Manche Menschen gestalten ihre Wohnung aber nicht nach den eigenen Wünschen, sie lassen sich von Modeströmungen beeinflussen und zwingen sich etwas auf, das sie selbst gar nicht mögen.

9

Dieses Wohnzimmer ist mit der Sitzecke links und dem großen Sofa rechts total überfüllt. Dieses Arrangement geht sicher nicht auf eine bewußte Gestaltung zurück. Die Zusammenstellung hat sich eben zufällig ergeben. Die Energieverteilung ist hier sehr schlecht.

nossen seien, die halt immer unterwegs sein müssen. Ein Leben „on the road“? Mag sein, daß es solche Naturelle gibt und daß diesen Menschen ein solch zerrissenes Leben ohne Fluchtpunkt gefällt. Oft ist es aber einfach so, daß solche Leute zwar eine Wohnung haben, doch kein Zuhause. Aus irgendwelchen Gründen fühlen sie sich dort nicht wohl. Vielleicht sind es die Menschen, mit denen sie dort zu leben gezwungen sind, vielleicht ist eine innere Unruhe, die auf unverarbeitete Lebensereignisse zurückgeht, oder ganz einfach: Es gefällt ihnen nicht in ihren vier Wänden. Die Wohnung ist zu klein. Die Möbel zu ungemütlich. Alles zu schmutzig, zu schäbig. Oder die Einrichtung erinnert an eine Lebens-

phase, die man gerne vergessen würde.

Es gibt tausend Gründe, weshalb man ein Haus oder eine Wohnung innerlich oder auch ganz offen und bewußt ablehnt, nicht leiden mag oder gar haßt.

Gut, warum ändert man dann seine Umgebung nicht? Warum zieht man nicht um in eine andere, schönere, größere, lichtere Wohnung? Warum geht man nicht in den Heimwerkermarkt und kauft sich Kleister und neue Tapeten? Warum befördert man nicht die alten verhaßten Möbel auf den Sperrmüll? Weshalb trennt man sich nicht von dem alten Küchentisch, der einem schon immer ein Dorn im Auge war, oder von der antiquierten Musiktruhe, wo man sich doch schon seit langem uneingestanden nach einer modernen Hi-Fi-Anlage sehnt?

Auch für diese Lethargie, seine Situation zu beklagen, aber nicht ändern zu wollen, gibt es verständliche, wenn auch nicht gute Gründe. Ein Umzug wäre zu mühsam, Wohnungen sind nur schwer zu bekommen und größere viel zu teuer. Für die neuen Möbel hat man kein Geld, oder man scheut sich, die guten Stücke einfach wegzuwerfen, wo sie doch noch lange ihren Dienst tun könnten. Und schließlich hat man keine Zeit, eine solche radikale Veränderung des eigenen Lebens konkret in Angriff zu nehmen. Man wartet zu und nimmt sich das alles fürs nächste Jahr vor.

Über das Beharrungsvermögen der menschlichen Natur wollen wir hier nicht weiter nachdenken, halten wir aber diesen Gedanken fest: Wir Menschen brauchen ein Zuhause, einen Raum oder auch mehrere Räume, die wir uns ganz nach unserem eigenen Geschmack einrichten, um die wichtigste Zeit dort zu verbringen, die Zeit, in der wir neue Kraft schöpfen für den Kampf und die Arbeit außer Haus. Und es ist keinesfalls unwichtig, wie wir diese unsere persönliche Behausung einrichten.

Gartenzwerge, Jugendstil und Neckermann

Die Geschmacksfrage hat nichts damit zu tun, ob wir uns in unserer Wohnung gut oder schlecht fühlen.

Jedem ist es schon einmal so ergangen, daß er sich beim Anblick einer bestimmten Wohnung fragte, wie sich dessen Besitzer dort eigentlich wohl fühlen könne. „Das Paradies ist, wo ich bin", sagte der französische Philosoph Voltaire – entscheidend ist, was einem selbst gefällt. Die anderen können das grundhäßlich finden und die Flucht ergreifen. Nur einem selbst muß es

In den Wohnraum offen eingebaute Küchenecken sind Mode, doch eigentlich sehr ungünstig. Wohnzimmer und Küche sind und müssen getrennte Bereiche sein.

Dieses großzügig eingerichtete Wohnzimmer mit offenem Durchgang zum Eßzimmer wirkt sehr anmutig. Es beweist nicht nur guten Geschmack, sondern weist auch eine positive Energieverteilung im Raum auf.

gefallen, und diese persönliche Neigung kann alle ästhetischen Spielregeln außer acht lassen.

Es ist eher manchmal ein Problem, daß wir uns selbst etwas aufzwingen, was wir eigentlich tief innerlich nicht mögen. Wir kaufen uns ein Möbelstück oder votieren für einen neuen Vorhang in einer Modefarbe – warum? Weil man es jetzt eben so hat. Weil die Bekannten ihre Wohnung so eingerichtet haben. Doch eigentlich finden wir das Neue abstoßend. Offen eingestehen können wir uns dies natürlich nicht. Wir sind stolz darauf, daß wir mit dem Trend gehen, daß wir das gleiche haben wie die anderen. Aber etwas in uns wehrt sich dagegen, ein leichtes Widerstreben.

Es kann vorkommen, daß man sich tatsächlich wegen eines bestimmten Einrichtungsgegenstan-

des unwohl fühlt. Aber vielleicht weiß man zuerst einmal gar nicht so genau, was einem eigentlich dieses Unbehagen einflößt.

Man hat sich zum Beispiel vor zwei Jahren dieses sündhaft teure schwarze Ledersofa mit den verspielten Armlehnen gekauft. Der Verkäufer hat es doch bestätigt, daß man mit dieser Wahl bestens beraten sei. Doch immer, wenn man sich hinsetzt, empfindet man ein Unbehagen. Wegen des Sofas? Beileibe nicht, denn das gefällt einem doch, und es war ja auch so teuer und ist immer noch hochmodern. Der Widerhaken im Gemüt bleibt. Und irgendwann kommt man sich vielleicht doch auch selbst auf die Schliche und fragt sich, warum man denn immer seltener auf diesem Nobelmöbel Platz sucht und statt dessen „instinktiv" den doch so unbequemen, alten, knarrenden Holzstuhl daneben vorzieht, um fernzusehen?

Ein typisches Beispiel für eine wunde Stelle im Wohnbereich, die einem nicht bewußt ist, doch eine sehr intensive Negativwirkung hat. Und solche Situationen sind fast an der Tagesordnung, nur machen wir sie uns in den seltensten Fällen bewußt. Es sind eigenartige Dinge, die uns so ganz nebenbei stören –

eigentlich nur Nuancen. Der Trockenblumenstrauß, den die Freundin als Geschenk mitgebracht hat, oder die beiden Bilder über dem Eßtisch, die der Frau so gut gefallen, dem Ehegatten dagegen immer schon ein Graus waren. Doch weshalb sollte er darauf drängen, etwas anders an die Wand zu hängen? Es sind ja nur zwei belanglose Bilder! Doch so komisch dies klingt: Diese Bilder sorgen dafür, daß sich der Mann unwohl fühlt, wenn er am Tisch sitzt.

Gebäude und Möbel sind lebendige Wesen

Häuser und Wohnungen, Möbel, Teppiche, Vorhänge, Lampen, Bilder und was sonst noch alles unsere Wohnräume schön macht, wirken auf jeden von uns anders, positiv oder negativ. Man sieht Gebäude und deren Inventar gerne als etwas Totes an, als bloße Gegenstände. Das ist falsch. Haben wir nicht schon hin und wieder selbst festgestellt, daß ein bestimmtes Haus irgendwie „lebt" oder daß ein liebevoll eingerichteter Raum Wärme ausstrahlt, eine Art Eigenleben führt und die Menschen in ihm dazu ver-

führt, sich hier wohl zu fühlen? Haben wir nicht auch schon die Erfahrung gemacht, daß sich uns ein bestimmter Raum wegen seiner Strenge und Nüchternheit richtiggehend verweigert, uns kaltläßt, ja sogar abstößt? Oder ist uns nicht auch schon einmal ein Wohnzimmer als phantasielos, unscheinbar, langweilig vorgekommen: Wir hätten auch sagen können, daß dieser Raum tot war, ohne Energie.

Was die meisten von uns ein Leben lang fast nur intuitiv erfahren – Abneigung gegenüber bestimmten Gegenständen und Sympathie für andere –, läßt sich mit dem altchinesischen Wissen um den Fluß der Lebensenergie Chi sehr konkret verstehen und nach den Spielregeln des Feng Shui beeinflussen.

Wenn alle Familienmitglieder es vermeiden, sich in diesem „altdeutschen" Wohnzimmer aufzuhalten, stimmt etwas mit dem Energiepotential der Einrichtung nicht.

WAS IST FENG SHUI?

Hinter Feng Shui verbirgt sich eine dreitausend Jahre alte Tradition, die aus der chinesischen Philosophie hervorgegangen ist.

Feng Shui meint, wenn man den Begriff ins Deutsche überträgt, nichts anderes als den schlichten Gegensatz von Wind und Wasser.

Wir wollen in diesem Buch nicht die Geschichte und Entwicklung des Feng Shui nachzeichnen und über die Anwendung der Lehre in China berichten, sondern uns vornehmlich damit vertraut machen, wie sich der Erfahrungsschatz des Feng Shui auf unsere Wohnbedürfnisse in Europa anwenden läßt.

Europa entdeckt Feng Shui

In der zweiten Hälfte des 19. Jahrhunderts veröffentlichte ein Missionar der London Missionary Society, der in China arbeitete, ein Buch über ein merkwürdiges Phänomen, das die Chinesen Feng Shui nannten. Bis dahin war dieser Begriff in Europa völlig unbekannt gewesen. Über Feng Shui zu schreiben bedeutete zuerst einmal, von den Schwierigkeiten zu berichten, die diese eigenartige Einstellung der Chinesen ihren britischen Kolonialherren bereitete. So wollten die Engländer in Hongkong eine Reihe neuer Häuser in einem Tal, dem Happy Valley, bauen. Diese Pläne bedeuteten aber, daß man tief in die umliegenden Hügelketten breite Straßen hineinsprengen mußte. Die in den Augen der Briten abergläubischen Chinesen fürchteten um die Harmonie der Landschaft: Durch diese Eingriffe in die Natur würden Gesetze des Feng Shui mißachtet, was für Hongkong und seine Bewohner großes Unglück bringen würde. Offenbar traten dann auch Schwierigkeiten beim Bau auf. Unfälle passierten, Arbeiter und Ingenieure starben, und eine Seuche im Tal des Glücks torpedierte die Bauabsichten der Kolonialherren. Diese weigerten sich freilich, das Gerede um Feng Shui ernst zu nehmen, und deute-

Feng Shui wurde in China entwickelt und ist dort eine jahrtausendealte Tradition. Die Gesetzmäßigkeiten des Feng Shui stehen in engem Zusammenhang mit der chinesischen Philosophie.

Mitten in diesem Wohnhaus in Hongkong hat der Architekt gemäß Feng-Shui-Richtlinien eine Öffnung gelassen, damit der Drachen entweichen kann. Man kann es auch anders sehen: Durch die Öffnung können Fallwinde hinter dem Gebäude abfließen und gefährden dessen Stabilität nicht.

ten die ganze Angelegenheit als Zeichen der Aufsässigkeit ihrer chinesischen Untertanen.

Den Chinesen fiel es auch schwer zu begreifen, daß die Engländer Feng Shui offenbar nicht ernst nahmen. Denn in den Augen der Chinesen mußten die Engländer sehr wohl intime Feng-Shui-Kenner sein, bauten sie doch ihre Domizile gerade an den Stellen der Kronkolonie, wo es ihnen jeder Feng-Shui-Experte geraten hätte: an den Hängen der Hügel, umgeben von schönen alten Bäumen mit Blick auf den Hafen oder auf das Südchinesische Meer.

Auch diese Geschichte zeigt, daß Feng Shui im Grunde auf das gleiche hinausläuft, was unser westlich geprägter „guter" Geschmack für akzeptabel hält. Die Engländer hatten sich auf der Insel natürlich die schönsten Bauplätze ausgesucht und damit Feng-Shui-Regeln beachtet. Denn Feng Shui strebt eine harmonische, ausgeglichene Umgebung an, in der sich der Mensch wohl fühlen und körperlich wie geistig gedeihen kann.

Heute ist Hongkong ein turbulenter Schmelztiegel aus Ost und West, ein gigantisches Business-Center. Auf engstem Platz schießen Monat für Monat neue Büropaläste in den Himmel, einer höher als der andere. Ältere Wolkenkratzer werden, weil der Profit nicht mehr stimmt, abgerissen und durch größere, machtvollere ersetzt. In Hongkong zählt nur das Geschäft, der Gewinn. Und trotzdem mißachten auch die knallharten Manager und Banker unter keinen Umständen die Gesetze des Feng Shui. Im Gegenteil, beim Bauen läßt man sich von Feng-Shui-Experten beraten und nimmt deren Einwände ernst – so ernst, daß man es sich trotz härtesten Kostenmanagements Millionen kosten läßt, die Bauwerke der Superlative Feng-Shui-gemäß zu planen. Da spielt es keine Rolle, wenn es Unsummen kostet, einen Riesenwohnblock mit einem quadratischen Ausschnitt in der Mitte zu bauen, damit der Drache durchschlüpfen kann und nicht erbost Unglück auf die Bewohner des Hauses bringt. Der Bauherr verzichtete auf viel Geld, das ihm die Wohneinheiten eingebracht hätten, die dank Feng Shui buchstäblich ins Loch fielen.

Als die Architekten für die Bank of China den größten Wolkenkratzer Hongkongs bauen sollten, hat-

ten sie natürlich auch einen hochrangigen Feng-Shui-Experten zur Seite.

Spitz zulaufende Kanten eines Gebäudes sind nach den Feng-Shui-Regeln nicht nur für das Gebäude selbst von Nachteil, sondern auch für die umliegenden Häuser. So war es sicher kein Zufall, daß eine Kante des gläsernen Büroturms der Bank of China haargenau auf den Gouverneurspalast der Briten zeigte, eine böse Belastung des Gouverneurssitzes. Ebensowenig war es wohl Zufall, daß die Briten rasch reagierten und einen Erdwall zwischen ihrem Sitz und der Bank of China aufschütten ließen. Von britischer Seite wurde es zwar als Zufall hingestellt, denn der Gouverneur glaubt schließlich nicht an Feng Shui. In den Augen der Chinesen freilich war dieser Erdwall die Antwort auf die Attacke der Bank of China.

Alles ist Energie

Feng Shui, die Lehre von der Wirkung der Umgebung auf das Bewußtsein des Menschen, basiert im wesentlichen auf der Annahme, daß es eine Kraft gibt, die das Leben in Gang setzt und in Gang hält. Diese Kraft oder Energie läßt sich nicht vergleichen mit den Begriffen, die

Die kantige Bank of China in Hongkong beherrscht mit ihrer raffinierten Form die ganze Umgebung.

Chi erfüllt das ganzes Universum. Chi fließt sanft auf der Erdoberfläche entlang, gleitet in Täler und um Berge herum, paßt sich dem Lauf der Flüsse an. Chi umgibt alles und jeden.

unsere Naturwissenschaften benutzen. Diese Energie – man könnte auch von Vitalität oder Lebenskraft sprechen – durchströmt nicht nur Menschen, Tiere und Pflanzen, sondern ebenso vermeintlich tote Gegenstände wie Steine, Berge oder Gebäude.

Die Chinesen bezeichnen diese Energie als Chi. Eine der wichtigsten Eigenschaften dieses Chi besteht darin, daß es ständig im Fluß ist, in Bewegung. Und jedes Lebewesen ist davon „beseelt".

Jeder Mensch birgt in sich Chi, ist von Chi geradezu erfüllt. Die Energie zirkuliert ständig durch den gesamten Organismus. Das innere Chi und das äußere stoßen sich nicht ab, sondern ergänzen und verstärken sich. Stimmt der uns umgebende Energiefluß, so überträgt sich diese Harmonie auf den Energiestrom in unserem Körper, und wir fühlen uns wohl und gesund und voller Kraft.

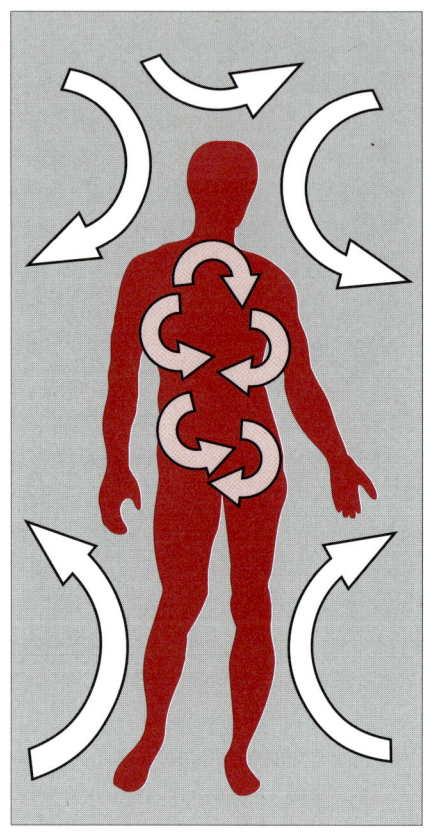

Wenn der Energiefluß gestört ist …

Nun gibt es Konstellationen, die den Fluß des Chi erleichtern und fördern oder aber erschweren oder gar hemmen. Daraus erwachsen Probleme, und hier setzt die Kunst des Feng Shui ein, um jedwede Situation möglichst harmonisch zu gestalten. Im menschlichen Körper hat eine solche Energieblockade verhängnisvolle Folgen: Werden einzelne Körperregionen oder Organe nicht mehr mit Chi versorgt, wird die psychische Präsenz des Menschen vermindert, seine Leistungsfähigkeit sinkt, und am Ende kann sogar eine Erkrankung entstehen. Aus den gestörten Energieverhältnissen im Körper ergeben sich also konkrete körperliche Störungen, die keinesfalls nur „im Kopf" (psychosomatisch) vorhanden sein müssen, sondern ganz real sind.

Feng Shui geht nun von der Annahme aus, daß eine Verbesserung der den Menschen umfließenden äußeren Energie auch einen positiven Einfluß auf seine körpereigene Energie haben kann. Wenn jemand beispielsweise unter Schlafstörungen leidet, wird man sein Schlafzimmer einmal genauer anschauen, um herauszufinden, wie sich dort der äußere Energiefluß gestaltet. Eine Umstellung des Bettes oder der Einsatz spezieller Feng-Shui-Hilfen kann tatsächlich eine Verbesserung erbringen. Während die Chinesen diesen Heilerfolg mit der Reparatur des Chi-Flusses erklären, würden wir vielleicht „konkretere" Erklärungen parat haben: Durch die Plazierung des Bettes weg vom Fenster an die gegenüberliegende Wand und das Anbringen freundlicherer hellblauer Tapeten sei einfach das Ambiente ermutigender und anregender als vorher, womit dann die innere Harmonie zurückgewonnen und die Schlaflosigkeit beseitigt wäre.

Der Fluß des Chi wird durch bestimmte Gegenstände unterschied-lich beeinflußt. Es ist nun sehr wichtig, genau zu wissen, wie einzelne Gegenstände auf das Chi wirken, ob sie dieses aktivieren oder abblocken. Wichtig ist weiter, wie die Gegenstände zueinander positioniert werden müssen, um einen gleichmäßigen, harmonischen Energiefluß innerhalb eines Raums zu gewährleisten.

Feng Shui – eine scheinbar fremde Welt

Chinesische Philosophie mag sich für denjenigen, der sich das erstemal damit beschäftigt, als fremd und recht eigenartig ausnehmen. Vieles ist für unsere vornehmlich auf Logik trainierte Gehirne nicht so ohne weiteres nachvollziehbar

Das Bett in diesem Schlafzimmer steht mit dem Kopfende unter dem Überschrank – eine äußerst ungünstige Konstellation nach den Feng-Shui-Regeln!

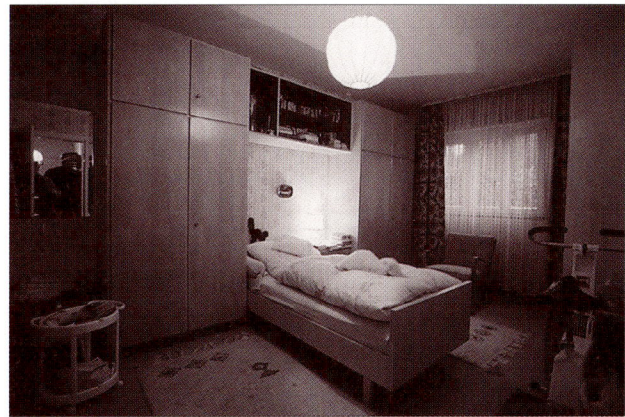

und scheint sogar auf den ersten Blick eher mit Aberglaube oder Mystik zu tun zu haben. Deshalb wollen wir versuchen, die Spielregeln des Feng Shui all jener Elemente zu entkleiden, die für unsere Denkweise ohne eine intensivere Beschäftigung mit chinesischer Philosophie nicht so ohne weiteres nachvollziehbar sind.

Feng Shui ohne die Begrifflichkeit chinesischen Denkens hört sich aber auch für uns Europäer sehr plausibel an. Sie werden sehen, daß Sie viele Ratschläge des Feng Shui mit dem gesunden Menschenverstand – gemeint ist damit das, was die Mehrheit der Menschen in unseren Breiten als vernünftig und an-

genehm empfindet – gefühlsmäßig nachvollziehen und voll bestätigen können.

Wendet man Feng Shui beispielsweise bei der Suche eines geeigneten Bauplatzes oder einer Wohnung an oder orientiert man sich bei der Gestaltung der Wohnräume an den Erfahrungen des Feng Shui, so lassen sich damit erstaunliche Erfolge erzielen, die auch uns logisch erscheinen.

Um verständlich zu machen, was wir meinen, hier ein paar willkürlich ausgewählte Beispiele: In der Regel fühlt man sich in einem Bett nicht sehr wohl, dessen Kopfende unter einer Dachschräge steht. Instinktiv hat man Angst, beim Aufsit-

Dieses rechteckig angelegte Schwimmbad in seiner ganzen Nüchternheit hält das Chi nicht zurück und profitiert so auch nicht davon. Sich hier wohl zu fühlen ist ein Kunststück.

zen mit dem Kopf gegen die niedrige Decke zu schlagen. Oder man bekommt das Gefühl, die Decke lege sich einem auf die Brust und behindere das Atmen.

Eine Gerümpelecke, in die man alles räumt, was man gerade nicht braucht und einfach der Optik wegen nicht in der Wohnung herumstehen lassen will, ist kein schöner Anblick. Oft wählt man für diese unschöne Ablage gerade das Schlafzimmer aus, weil man sich dort tagsüber nicht aufhält. Dies ist an sich eine sinnvolle Entscheidung, freilich fühlt man sich im Schlafzimmer mit einer solchen Gerümpelhalde nicht so recht wohl. Irgendwie bedrückt einen das Gerümpel, man nimmt es zwar kaum noch wahr, weil man sich daran gewöhnt hat, als harmonisch freilich empfindet man es nicht. Man gewöhnt sich nicht wirklich daran, man findet sich nur damit ab.

Es mag Menschen geben, die ihr Schlafzimmer mit einer grellbunten Tapete schmücken, doch üblich sind im Schlafbereich eher getragene, sanfte Farbtöne. Rot wird kaum jemand fürs Schlafzimmer auswählen, eher ein helles Blau, Grün oder Apricot. Nach dem Grund gefragt, kommt die Antwort spontan: Zurückhaltende Töne beruhigen, das Auge verweilt gerne auf solchen Farbflächen, man gerät dabei ins Träumen.

Ein anderes Beispiel für ein Schwimmbassin: Das Chi umschmeichelt die schöne runde Form und bewegt sich auch um die Bäume. Es verbleibt also lange am Ort. Hier fühlt man sich instinktiv wohl!

Jeder Raum ist mehr oder weniger lebendig. Manche Räume strotzen vor Chi, andere sind absolut tot und leer. Auch ohne Feng-Shui-Experten zu sein, merken wir dies sofort. Feng Shui sagt uns aber, was dagegen zu tun ist!

Eine häßliche Toilette erregt Ekel. Auch von einem solch abgeschiedenen und intimen Ort wünscht man sich Sauberkeit und Harmonie. In einer Toilette ohne Fenster und nur mit elektrischer Beleuchtung, dazu vielleicht noch bedrängend eng, hält man es nicht lange aus und erledigt das, was man eben zu tun hat, lieber in Windeseile.

Wohnraummängel erkennen

Was der Feng-Shui-Experte mit einem schlecht gelenkten Energiestrom erklärt, können wir mit dem gesunden Menschenverstand – ein übrigens noch viel diffuserer Begriff als der des Chi – eigentlich ebenso bestätigen. Die Gerümpelecke im Schlafzimmer, das Bett unter der Dachschräge, die grellrote Tapete, die bunkergleiche, tageslichtferne Toilette – all dies sind Wohnsituationen, bei denen sich uns die Haare im Nacken sträuben und alles andere als Wohlgefühl aufkommt.

Noch ein letztes Beispiel: Pflanzen beleben einen Raum ungemein. Sie müssen es nur einmal ausprobieren: Stellen Sie sich Ihr Wohnzimmer ohne eine einzige Pflanze vor. Selbst wer kein Pflanzenliebhaber ist und auf Pflanzen in seinen vier

Wänden aus Bequemlichkeit verzichtet, wird zugeben müssen, daß die bescheidenste Grünpflanze oder gar eine einzelne blühende Orchidee einer Wohnlandschaft ein erstaunliches Leben einhaucht. Und schließlich symbolisieren Pflanzen ja auch das Leben, holen es aus der Natur herein ins Haus.

Freilich wirken nicht alle Pflanzen gleichermaßen vorteilhaft. Manche mögen wir nicht im Zimmer, beispielsweise solche mit sehr spitzen Blättern, an denen man sich sticht. Auch Kakteen sind nicht jedermanns Sache. Man sieht also, daß auch Pflanze nicht gleich Pflanze ist, auch da gibt es Unterschiede und Nuancen.

Feng Shui systematisiert, was wir fühlen

Feng Shui erklärt detailliert, warum eine bestimmte Umgebung zu einem Menschen paßt oder nicht paßt. Ohne Feng-Shui-Erfahrung urteilen wir rein gefühlsmäßig und stellen fest, daß wir uns hier oder da unwohl fühlen. Den Gründen dafür gehen wir selten nach; wir nehmen das negative Gefühl als unumstößliche Tatsache, als subjektive Empfindung, die nicht weiter zu hinterfragen ist. Feng Shui liefert das Instrumentarium, mit dem wir die Gründe unseres Unbehagens herausfinden können. Deshalb macht es Sinn, die Lehre vom guten Wohnen mit Feng Shui genauer zu betrachten und zu studieren und dann vor allem Regeln daraus abzuleiten, die man ohne allzu großen technischen und finanziellen Aufwand in Wohnwirklichkeit umsetzen kann.

Gefühl und Feng-Shui-Regeln stimmen oft erstaunlich überein.

Konkrete Schritte für Ihr Feng Shui

● *Sie haben das Bedürfnis, ein neues Haus oder eine andere Wohnung zu suchen oder Ihr Haus oder Ihre Wohnung umzugestalten, weil Sie sich darin einfach nicht mehr wohl fühlen.*

● *Eine Warnung vorab: Erwarten Sie von diesem Buch bitte keine Patentrezepte. Die Spielregeln des Feng Shui geben Ihnen nur die Instrumente in die Hand, mit denen Sie Ihre Umgebung prüfen und ändern können.*

● *Fragen Sie sich zuallererst in einer ruhigen Stunde, warum Sie überhaupt an Änderungen denken.*

● *Schreiben Sie alle Gründe ganz genau nieder. Prüfen Sie diese Gründe dann, ob sie auch wirklich stichhaltig oder nur ein Vorwand sind, weil Ihnen eben nichts anderes eingefallen ist.*

● *Beobachten Sie Ihre Umgebung zu Hause mit fast wissenschaftlicher Akribie.*

● *Experimentieren Sie zunächst im kleinen: Stellen Sie erst einmal einige wenige Gegenstände um, und prüfen Sie, ob Sie damit besser leben können. Lassen Sie sich zwei Wochen Zeit, und geben Sie sich dann Rechenschaft: Wie ist es Ihnen ergangen? Haben Sie Glück gehabt? Sind Sie mit sich zufriedener?*

● *Notfalls beginnen Sie von neuem: Machen Sie die alten Änderungen wieder rückgängig, und probieren Sie es mit neuen Arrangements.*

● *Verändern Sie nur etwas, wenn Sie es selbst für nötig und richtig erachten, notfalls auch gegen die Ratschläge dieses Buches, denn die Veränderung muß aus Ihnen heraus kommen. Sie kommt nie von außen.*

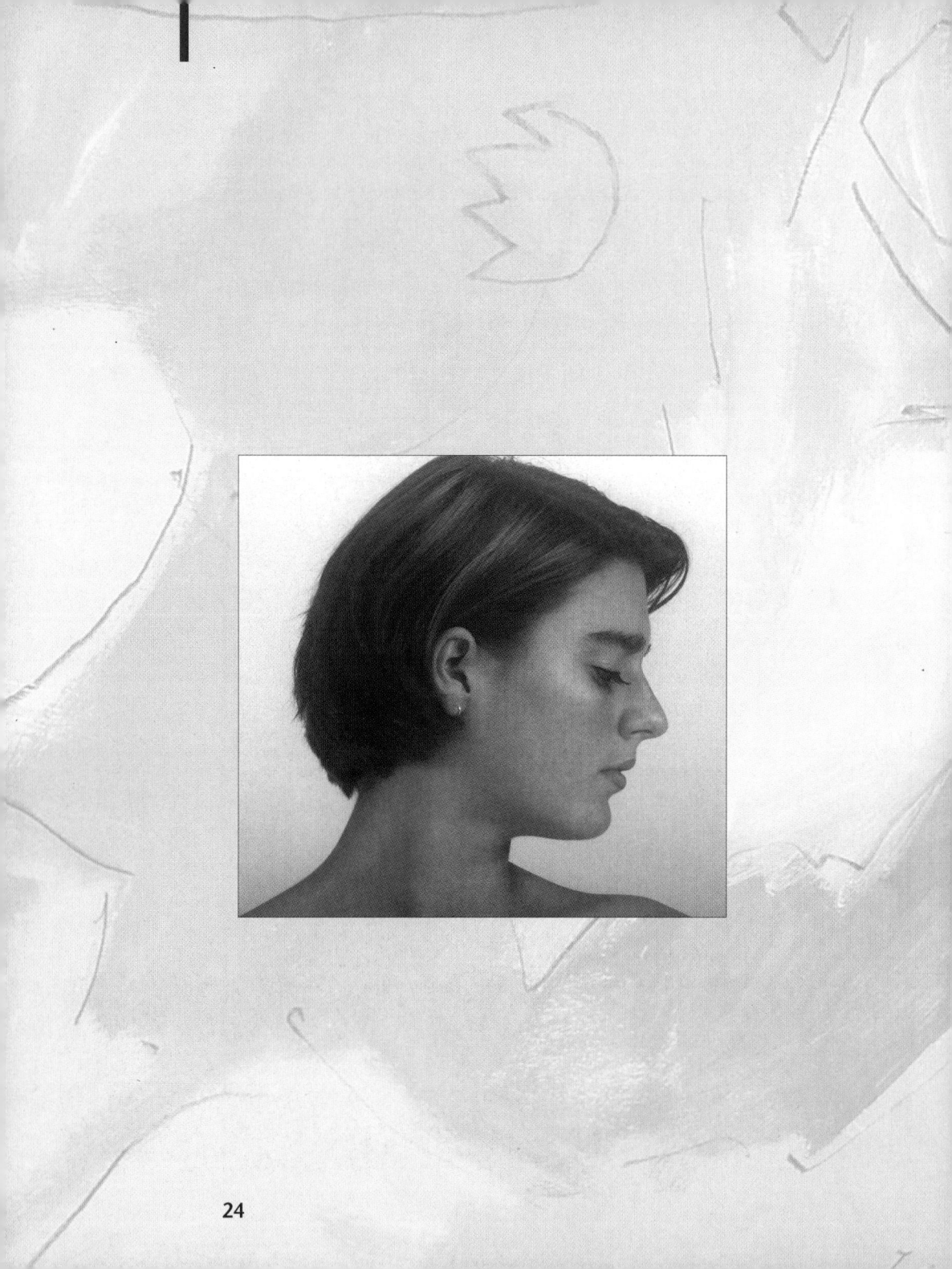

ENERGIE UND PERSÖNLICHER STIL

Bevor wir Ihnen eine Reihe von konkreten Tips geben, welche Auswahlkriterien Sie bei der Wahl eines Bauplatzes, eines fertigen Hauses oder einer Wohnung tunlichst beachten müssen oder nach welchen Kriterien Sie die Einrichtung Ihrer Wohnung verändern sollten, müssen wir noch einmal einen grundsätzlichen Punkt ansprechen, nämlich was Feng Shui leisten kann.

Feng Shui ist ein komplexes System, das auf einer exakten Beobachtung der gesamten Natur basiert. Es ist unmöglich, Feng Shui in seiner ganzen Fülle auf wenigen Buchseiten darzustellen. Das beabsichtigt dieses Büchlein aber auch nicht. Wir wollen Ihnen fast pure Praxis bieten, was freilich ein Problem mit sich bringt: Feng Shui ist kein starres Regelsystem mit einer Reihe von Schubladen, die man für den entsprechenden Problemfall nur aufzuziehen braucht.

Wir wollen diese Einschränkung einmal an einem Beispiel verdeutlichen: Sie haben offenbar mit Ihrer Wohnung ein Problem. Um dieses zu lösen, nennen wir Ihnen ein paar ausgewählte Spielregeln aus dem Instrumentarium des Feng Shui.

Der Mensch lebt im Universum, das ein gewaltiges Energiefeld darstellt. All diese Energien sind miteinander vernetzt. Und diese sich gegenseitig beeinflussenden, ergänzenden Energiefelder verändern sich ständig. Was im großen gilt, trifft auch im kleinen zu: zu Hause,

In Hongkong ist es selbstverständlich, daß man bei der Suche nach einem Grundstück den Feng-Shui-Experten hinzuzieht. Dieser arbeitet mit einem speziellen Feng-Shui-Kompaß.

in unseren vier Wänden. Jeder der unzähligen Gegenstände um uns herum – Möbel, Bilder, Blumen – erzeugt Energie. Und der Mensch selbst ist ebenfalls ein komplexes Energiefeld.

Diese atemberaubende, auf den ersten Blick unglaubliche und mit dem menschlichen Geist überhaupt nicht erfaßbar scheinende energetische Komplexität müssen Sie immer bedenken, wenn Sie ein Problem erkannt zu haben glauben und auf eine Lösung sinnen.

Chi kann in einem Raum breit und mächtig zirkulieren und fast jeden Quadratzentimeter ausfüllen. Das gleiche Chi kann aber auch nervös und unregelmäßig in vielen Schlingen durch den Raum rotieren oder in den Raum eindringen, dort konzentrisch verwirbeln, einige Zeit verharren und erst dann den Raum verlassen. Und Chi kann auch geradewegs zur Tür hereinkommen und zum gegenüberliegenden Fenster wieder austreten, quasi ein Sekundeneffekt, wobei von der kosmischen Kraft des Chi nur wenig zurückbleibt.

Aus dieser Tatsache können Sie lernen, daß Ihnen Feng Shui zwar Regeln bietet, die aber nur Anhaltspunkt, Orientierung sein können. Seien Sie auch nicht enttäuscht,

wenn sich eine Regel ins Gegenteil verkehrt. Auch das ist möglich.

Beobachten Sie sich zuerst einmal ganz genau!

Lernen Sie zuerst einmal, sich selbst genauestens zu beobachten. Das ist eine wichtige Voraussetzung, um mit Feng-Shui-Regeln im Do-it-yourself-Verfahren Erfolg zu haben.

Ein Beispiel: Sie betreten einen Raum und setzen sich auf das Sofa gleich neben der Tür. Dort hält es Sie nicht. Nach fünf Minuten stehen Sie wieder auf, gehen im Raum herum, nehmen einen Gegenstand zur Hand, um ihn wegzuräumen, dann setzen Sie sich an den Tisch. Auch dort hält es Sie nicht lange. Sie verlassen den Raum und holen sich aus der Küche etwas zu trinken.

In diesem Fall sofort auf eine schlechte Konstellation der Einrichtungsgegenstände zu tippen wäre falsch, zumindest voreilig. Vielleicht gab es tatsächlich einen Grund, jenen Gegenstand wegzuräumen, und vielleicht plagte Sie auch wirklich der Durst. Vielleicht aber auch nicht.

Sie müssen Ihr Verhalten in diesem Raum regelmäßig „überwa-

Feng Shui zu betreiben heißt nichts anderes, als daß man sich und seine Umgebung genau beobachtet, analysiert und negative Strukturen erkennt. Die Abhilfe ist relativ einfach.

chen", denn es gilt herauszufinden, ob Sie erkennbar oft von einer solchen Unruhe erfaßt werden. Interessant wäre es auch zu wissen, wie Sie sich in anderen Räumen verhalten, in einem anderen Zimmer oder in der Küche Ihrer Wohnung oder bei Verwandten, Freunden. Sollte sich herausstellen, daß Sie woanders gerne und ausdauernd an einer bestimmten Stelle sitzen bleiben und keine Anstalten machen, ständig den Platz zu wechseln, sehen Sie schon wesentlich klarer: Offenbar stimmt mit diesem einen Raum etwas nicht.

Jetzt erst macht es Sinn, die Zuordnung der Möbel, die Farben der Tapeten, Vorhänge und des Fußbodens genauer unter die Lupe zu nehmen. Und jetzt erst können Sie den einen oder anderen Verdacht artikulieren, welche Konfiguration Sie so empfindlich stört. Jetzt erst sind

Entscheidungen fällig, was in diesem Raum zu ändern oder auch zu ergänzen ist.

Es bedarf also eines tiefen Verständnisses aller Umstände, die zu einer mißlichen energetischen Situation führen können.

Um Feng Shui zu betreiben, braucht man eine gewisse wissenschaftliche Neugier und Beharrlichkeit und nicht zuletzt das Talent, unermüdlich zu fragen. Man braucht Intuition und Geduld gleichermaßen. Es ist oft erstaunlich, wie rasch man dennoch auch mit diesem Do-it-yourself-Verfahren zu einem Verdacht gelangen kann, wo das Problem wohl liegt – und dann auch zu einem guten Ergebnis! Nur erzwingen können Sie nichts.

Wenn Sie sich selbst nicht unter Erfolgszwang setzen, gehen Sie entspannter und offener ans Werk. Und garantiert mit mehr Erfolg.

WENN SIE EIN HAUS BAUEN ODER SUCHEN

Sie sind auf der Suche nach einem Bauplatz oder halten gar nach einem bereits fertigen Haus Ausschau, das sein Vorbesitzer verkaufen will.

Ein Haus baut oder kauft man nicht alle Tage. Die meisten Menschen lassen sich in ihrem eigenen Haus für ein ganzes Leben nieder. Und es sind ja auch gehörige Kosten damit verbunden. Da ist es verständlich, daß eine solche Anschaffung wohlüberlegt sein muß. Ein Haus kauft man eben selten spontan wie ein neues Kleid.

Dem jungen Bauherrn oder Hauskäufer gehen viele Überlegungen durch den Kopf. Natürlich ist die Lage des Hauses wichtig. Der eine will aufs Land, der andere in Stadtnähe wohnen und wieder einer im Herzen der City. Vielleicht ist die Nähe einer öffentlichen Verkehrsanbindung oder einer Schule das Auswahlkriterium, sicher auch der Preis, denn eine solche Immobilie muß auch finanziert sein. Das Haus muß aber auch gefallen. Wer ein Haus baut, kann seine Vorstellungen dem Architekten vermitteln, der die Wünsche seines Auftraggebers hoffentlich begreift und darauf eingeht.

Wer ein fertiges Haus erwerben will, hat es einfacher und schwerer zugleich. Einfacher, weil er seine Wünsche nicht in Pläne umsetzen und hoffen muß, daß daraus auch tatsächlich sein Wunschhaus wächst. Schwerer, weil es oft nicht leicht, vielleicht sogar unmöglich ist, ein Haus zu finden, das den eigenen Vorstellungen wirklich entspricht.

Wenn jetzt bei Hausbau oder Haussuche noch komplexe Feng-Shui-Kriterien erfüllt werden müssen, dann mag manch einer verzagen und die Hoffnung von vornherein aufgeben, jemals ein Haus zu finden, das all seinen mehr vordergründigen, banalen Kriterien entspricht und gleichzeitig auch noch eine energetisch gute Kondition hat. Oft muß man heilfroh sein, überhaupt ein Haus zu finden, das gerade die benötigte Größe und Raumaufteilung hat, einigermaßen zu finanzieren ist und trotzdem noch passabel aussieht. Wenn man jetzt auch noch die Spielregeln des Feng Shui praktiziert, so könnte der Einwand lauten, dann findet man sein Haus nie.

So schwierig ist die ganze Angelegenheit nicht. Natürlich wird kaum jemand in der Lage sein, mit dem Lo-Pan-Kompaß den idealen Ort zwischen einem Wasserlauf und Bergketten im Rücken auszuwählen. Dazu fehlt es in Europa an Platz, und Bebauungsvorgaben der Städte und Gemeinden verbieten, sich sein Haus dort hinzustellen, wo man es nach Feng-Shui-Regeln gerade für sinnvoll hält. Bauplätze muß man dort nehmen, wo man sie bekommt, meist in neu erschlossenen

Siedlungen, die oft schon beim ersten Blick einen wenig individuellen Charakter haben.

Fassen Sie die Feng-Shui-Regeln nicht als starres Reglement oder Zwangskorsett auf: Prägen Sie sich einfach die verschiedenen Punkte ein, die wir auf den folgenden Seiten zusammengetragen haben. Immer wenn Sie meinen, daß Sie in diesem oder jenem Punkt Feng-Shui-Gesetze besser berücksichtigen sollten, tun Sie es. Wenn Sie sich nämlich rein mechanisch und sklavisch an die Feng-Shui-Regeln halten und nicht mit ganzem Herzen hinter den Konsequenzen aus diesen Regeln stehen, werden Sie vom Ergebnis enttäuscht sein.

Ein professioneller Feng-Shui-Meister berücksichtigt nämlich nicht nur diese Regeln und eine Vielzahl anderer, die wir der Vereinfachung willen für Sie als Feng-Shui-Anfänger unerwähnt lassen.

Ein großes Anwesen und viele kleine harmonieren nicht miteinander (Abb. links). Hauskanten richten sich auf Nachbarhäuser wie Giftpfeile (Abb. rechts).

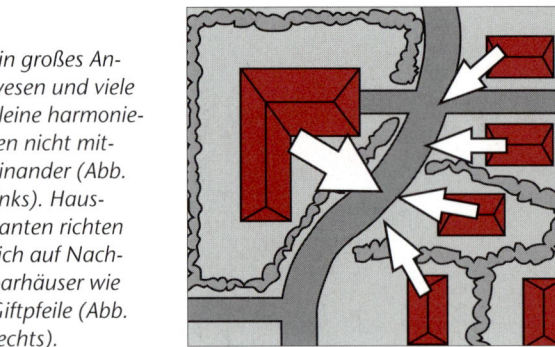
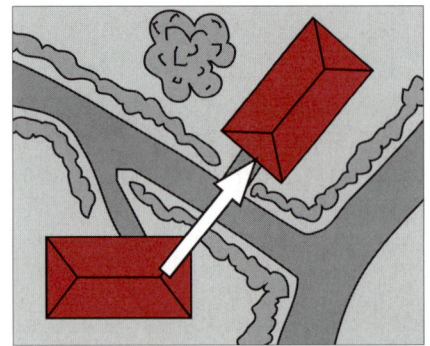

Wählen Sie das Grundstück nach diesen Kriterien aus

◆ In einem Neubaugebiet sollten Sie darauf achten, daß alle Grundstücke in etwa die gleiche Größe haben. Kleine Grundstücke werden nicht gut mit größeren Anwesen und entsprechend mächtigeren Gebäuden harmonieren, weil das Chi der großen Grundstücke die kleinen „einschüchtern" kann. Haben alle Grundstücke ungefähr die gleiche Größe, herrscht zwischen ihnen eine harmonische Energiebeziehung: Die Energie fließt von Haus zu Haus und wird von keinem Gebäude aufgehalten.

Wenn ein bereits fertiges Haus in einer solchen Grundstückskonstellation liegt, sollten Sie sich reiflich überlegen, ob Sie es wirklich kaufen wollen. Auch ohne diese Feng-Shui-Regel kann man Einwände gegen den Kauf in einem solchen Fall rein verstandesmäßig begründen: Ein übergroßes Grundstück erweckt den Neid der Besitzer der umliegenden kleinen Bebauungsflächen, und auch aus anderen Gründen können sich zwischen den Parteien Spannungen entwickeln.

◆ Der Standort Ihres künftigen Hauses ist sehr wichtig. Er orientiert sich zuallererst an der Lage der umliegenden Häuser. Spitze Formen – etwa Dachlinien oder Hauskanten – sollten nicht direkt auf Ihr Haus zeigen. Diese spitzen Strukturen müssen Sie sich in ihrer Wirkung wie Giftpfeile vorstellen, die Ihr Haus, wenn es von ihnen getroffen wird, ungünstig beeinflussen können.

◆ Ein unregelmäßiges Grundstück gilt als wenig harmonisch. Achten

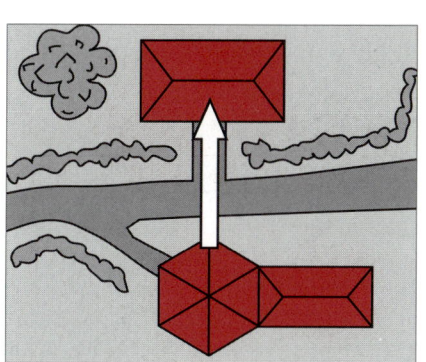

Auch hier (Abb. links) richtet sich eine Kante des sechseckigen Hauses gegen das Haus gegenüber. U-förmige Grundrisse (Abb. rechts) sind ungünstig, weil sich Chi im U verfängt und so übergroße Energie aufs Haus einwirkt.

Die Häuser links stehen vorbildlich und beeinträchtigen sich gegenseitig nicht. Das rechte Haus in der rechten Abb. steht zu nahe an der Straße; es bekommt zuviel Chi ab.

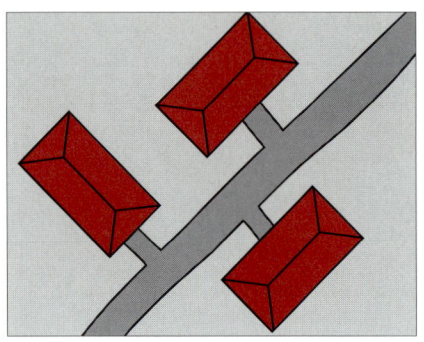 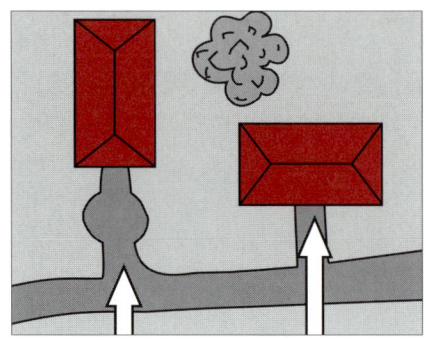

Sie darauf, daß der Grundriß des geplanten oder bereits gebauten Hauses nicht willkürlich auf dem Grundstück plaziert ist, sondern mit der Form des Grundstücks harmoniert. Dabei ist natürlich auch die Anlage des Gartens, der Garage und anderer Nebengebäude mit maßgeblich. Eine Gesamtplanung, die Ihnen gefühlsmäßig als harmonisch und ausgeglichen erscheint, hat eine gute energetische Konstellation. Gehen Sie keine Kompromisse ein. Wenn Sie beim ersten Blick schon das Gefühl haben, daß mit dem Schnitt des Grundstücks und der Plazierung des Gebäudes darauf etwas nicht so ganz stimmt, sollten Sie sich nicht damit beruhigen, daß Sie sich daran noch gewöhnen werden. Hören Sie auf Ihr Gefühl, und gehen Sie lieber auf Distanz zu diesem Objekt.

Auch ein dreieckiges Grundstück wird Ihnen wahrscheinlich keine Freude bereiten. Dasselbe gilt für Grundstücke in Form eines L, T oder U. Ideal sind alle rechteckigen oder quadratischen Formen. Die Seiten des Grundstücks sollten immer parallel zueinander verlaufen.

◆ Beachten Sie auch die Lage der Straßen zu Ihrem Grundstück und Haus. Liegt Ihr neues Haus direkt an einer geraden und breiten Straße, sollte zumindest der Eingang nicht unmittelbar auf diese Straße weisen. Zwischen Hauseingang und Straße sollte wenigstens ein kleiner Vorplatz liegen, damit sich die positive Energie vor dem Eingang ausreichend aufbauen kann.

Instinktiv werden Sie auch ohne Feng Shui bei dieser Konstellation daran denken, daß es sich an einer vielbefahrenen Straße vielleicht nicht besonders gut leben läßt.

Sackgassen gelten jedem Feng-Shui-Experten als unangenehm,

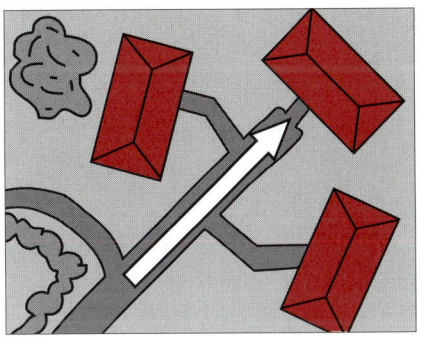 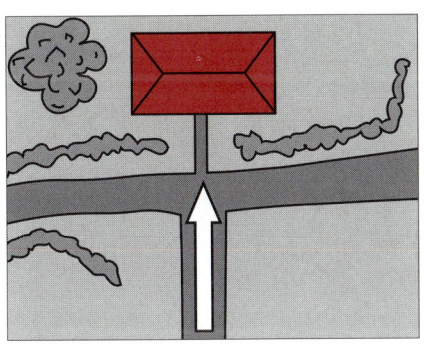

Die Energie prallt in der Sackgasse mit Wucht auf das abschließende Haus (Abb. links). Das Haus gegenüber der einmündenden Straße (rechts) steht ebenso ungünstig.

weil sie auf die Häuser an ihrem Ende wie Giftpfeile wirken. Zudem versinnbildlicht eine Sackgasse nicht unbedingt das Ziel Ihres privaten und beruflichen Lebens: Wer will auch schon in eine Sackgasse geraten! Die äußere Ruhe wird hier wahrscheinlich mit geringerer Energie und Dynamik erkauft.

◆ Ein Haus an einer Straße, in die eine andere Straße mündet, die direkt auf Ihr Haus zuführt, ist eine Katastrophe. Permanent schleudert die auf Ihr Haus, womöglich noch auf den Eingangsbereich zulaufende Straße Ihnen schlechtes Chi entgegen.

◆ Es ist auch nicht günstig, ein Haus auf einem Grundstück zu beziehen, dessen Erdreich noch unbegrünt ist. Befindet sich Ihr Haus am Rand eines Gebietes, das künftig noch weiter erschlossen werden soll, heißt

dies, daß direkt vor Ihrer Haustür das Erdreich aufgebaggert werden wird. Die Chinesen glauben, daß durch die Verletzung der Erde schlechte Energie erzeugt wird. Sie können diese Situation aber auch anders betrachten: Stellen Sie sich doch einmal den Baulärm und Bauschmutz vor, der Sie, wenn in Ihrer unmittelbaren Nähe weitere Häuser gebaut werden, einige Zeit belästigen wird.

◆ Stehen auf Ihrem Grundstück Bäume, dann lassen Sie diese um alles in der Welt stehen. Planen Sie Ihr Haus so, daß möglichst kein einziger Baum gefällt werden muß. Trösten Sie sich auch nicht mit dem Gedanken, daß Sie die entfernten Bäume durch neue an anderer, geeigneter Stelle ersetzen könnten. Es dauert Jahre, bis diese schmächtigen Pflanzen wieder zu stattlichen Bäumen gewachsen sind.

Bäume im Garten sorgen für eine gute Energie. Sie dürfen nur nicht zu nahe am Haus stehen.

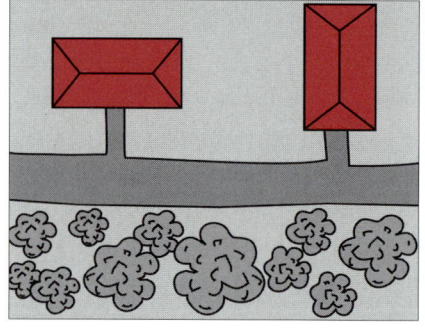

Ein Haus gegenüber einem Park mit seinem kraftvollen Baumbestand und weiten Wiesen gilt als sehr günstig.

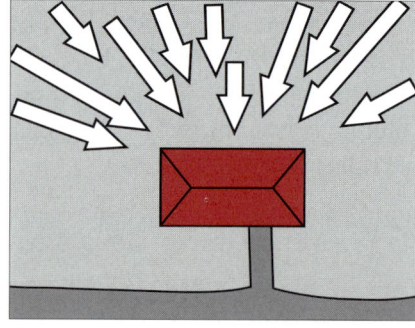

Ein Haus, hinter dem sich weite Felder dehnen, ist überstarkem Chi schutzlos ausgesetzt.

Ein kleines Haus zwischen zwei hohen und mächtigen Häusern wird geradezu erdrückt.

Wird Ihnen ein Haus angeboten, das von Bäumen umstanden ist, sollten Sie sich freuen. Wenn alle anderen Kriterien auch noch stimmen, haben Sie einen Grund zu kaufen.

Wo Bäume gedeihen, steckt in der Erde eine Menge gesunde Energie, die auch schädliches Chi wirkungsvoll bekämpfen kann. Auch ohne die Philosophie des Feng Shui zu bemühen: Ein mit Bäumen bewachsenes Grundstück ist etwas Herrliches, der Blätterwald wundervoll fürs Auge, die Sauerstoffproduktion ein Labsal für Ihren Organismus und eine Barriere zur Straße mit ihren giftigen Abgasen.

◆ Steht Ihr Haus mit seiner Vorderfront und dem Eingang direkt vor einer weiträumigen Parkanlage oder Wiese, sollten Sie glücklich sein: Das Chi kann sich im freien Raum ungestört sammeln und dringt dann in Ihr Heim mit voller positiver Energie ein. Und natürlich ist es auch jeden Tag aufs neue ein Genuß, morgens vom Haus direkt in den wundervollen Park zu treten.

◆ Ein Haus auf dem Land, hinter dem sich weite Felder in die Ferne dehnen, mag auf den ersten Blick ein Refugium für die Seele sein. Be-

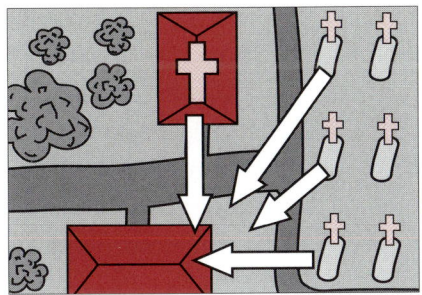
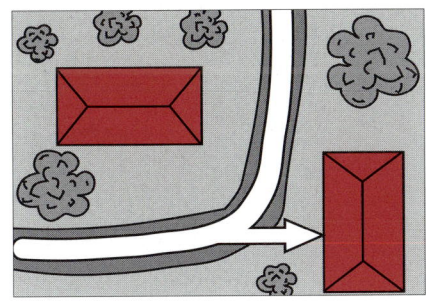

Kirchen und Friedhöfe wirken sich negativ auf ein Haus aus (Abb. links). Chi kann aus der Kurve getragen werden und auf ein dort stehendes Haus prallen (Abb. rechts).

denken Sie aber, daß es durch diese Lage im hinteren Bereich völlig ungeschützt und negativen Energieströmungen recht verletzlich ausgesetzt ist. Ein paar Bäume und ein Gartenhaus zwischen den Feldern und der Rückseite des Hauses könnten da Abhilfe schaffen.

◆ Niedrige und hohe Häuser harmonieren nicht miteinander. Steht vor Ihrem Einfamilienhaus ein Gebäude, das Ihr Haus völlig überragt, wird dieser „Berg" Ihnen jede Energie rauben. Ihr Haus liegt in einem energietoten Bereich. Sie haben keinen Ausblick mehr, keine Sonne, keine Luft. Ihr Haus erstickt. Noch schlimmer ist es, wenn Ihr Haus zwischen zwei hohen Häusern oder gar ringsum eingeschlossen ist. Statt hoher Gebäude können es auch Brückenpfeiler, Industrieschornsteine, Hochspannungs- oder Sendemasten sein, die Ihr Haus zwischen sich „erdrücken".

◆ Ungünstig ist der Standort bei einem Krankenhaus, einer Kirche oder einem Friedhof, da dort der Tod eine Rolle spielt. Diese Nachbarschaft erzeugt schlechtes Chi und wird Sie nicht glücklich werden lassen.

◆ Straßen, die eine Kurve beschreiben, können für die an ihnen liegenden Häuser ein Problem sein. Da Hauptstraßen besonders viel Chi befördern, kann diese Energie in Kurven nach außen getragen werden und die Häuser an der Außenseite einer Kurve hart treffen.

Das gleiche Problem können wir haben, wenn eine Straße rechtwinklig abbiegt. Handelt es sich um eine schmale, wenig befahrene Straße, bewegt sich der Energiestrom gemächlich voran und fließt mit der Straße um die scharfe Kurve. Bei stark befahrenen, breiten Straßen kann die Energie aber an der Kurve über die Straße hinausschießen:

Wenn dort nun direkt ein Haus steht, ist es in der Regel einem Übermaß an Energie ausgesetzt, die auf die Bewohner einen negativen Einfluß nimmt.

Kleinigkeiten, die man üblicherweise – besonders in der Hektik eines Hauskaufs – zu übersehen pflegt, können sehr bald große Probleme schaffen. Sicher stört Sie auf Anhieb die Straßenlaterne vor Ihrem Wunschhaus nicht? Liegt Ihr Haus in der Stadt, haben Sie vielleicht ein Ladengeschäft oder Restaurant als Gegenüber. Daß über dem Geschäft eine große Neonschrift prangt, wird Ihnen erst später bewußt, wenn beispielsweise Ihr Schlafzimmerfenster auf dieses Geschäft oder Restaurant weist. Sie brauchen das Raumlicht gar nicht mehr anzuschalten, die Neonlampe von gegenüber schickt ausreichend Licht in Ihr Zimmer, nur leider nicht in der gewünschten Farbe und Ruhe. Es bleibt Ihnen nur, zu resignieren und durch das grelle Blitzen des Lichts innerlich zermürbt zu werden oder einfach die Rolläden abends dichtzumachen. Beides keine schöne Aussicht. Es ist also sinnvoll, auch auf solche Kleinigkeiten zu achten.

Ein Feng-Shui-Experte hätte Sie sowohl vor der Straßenlaterne als auch vor der Neonschrift gewarnt, weil beide mit ihren elektrischen Feldern einen störenden Einfluß auf

Ein Paradebeispiel für ein geniales Bauwerk, das nach Feng-Shui-Regeln vollendet Macht über alle angrenzenden Gebäude ausübt: die Bank of China in Hongkong, mit den Hügeln im Rücken und dem Hafen vor sich.

Ihre eigene Energie haben. Ein Strommast oder eine Verkehrsampelanlage stören ebenfalls. Selbst für die Schulmedizin sind inzwischen Zusammenhänge zwischen Strom- und Sendemasten und bestimmten Erkrankungen wie Leukämie und Gehirntumoren geläufig.

◆ Schenken Sie auch dem Eingang Ihres neuen Hauses große Beachtung. Er ist nämlich mit dem Maul eines Lebewesens vergleichbar. Wenn er durch Hindernisse wie eine Garage oder ein Gartenhaus blockiert ist, wird das natürliche Chi abgehalten und erreicht das Haus erst gar nicht.

◆ Oft verschönert man mit Natursteinen das Umfeld eines Hauses. Große Steine säumen die Treppen oder den Weg zum Eingang. So herrlich „wild" dies auch aussehen mag – das Motiv des Gestalters ist natürlich, einem Haus mit solchen Steinen auch in städtischem Ambiente ein Stückchen Natur zurückzugeben –, so schädlich kann es sich für die Bewohner später erweisen.

Steine sind nach den Feng-Shui-Regeln beachtliche Energieträger, nur ist die Intensität und Art der Abstrahlung wegen der diffusen Form eines Steins unberechenbar. Das heißt, daß viele solcher den Zugangsweg flankierender Steine ein schlechtes Chi erzeugen können. Besser ist in jedem Fall ein ungehinderter Zugang zum Haus, vielleicht mit einem Vorplatz und kleinem Teich darauf.

Türen und Wege

◆ Wie immer der Zugang und die Zufahrt zu Ihrem Hauseingang gestaltet ist, sie soll leicht gewunden angelegt sein und nie gerade wie ein Pfeil. Dies würde Ihr Haus einem geballten Energiestoß aussetzen. Die Hauszufahrt sollte immer gleich breit bleiben. Verjüngt sie sich gegen die Haustür zu, vermindert dies den Zufluß positiver Energie und kann Ihr Glück und Ihren Erfolg „erdrosseln".

◆ Falls die Haustür beiderseits von Büschen oder Bäumchen flankiert wird, sollten diese unterschiedlich groß sein. Eine Symmetrie würde stören.

◆ Bäume vor dem Haus garantieren Lebensfreude und Gesundheit, sie dürfen aber nicht zu dicht beim Haus oder am Weg zur Haustür stehen. Ihre Energie gerät sonst mit der des Hauses in Konflikt.

Harmonisches Wohnen in der Natur

Der moderne Mensch, der bislang nur in der Stadt gewohnt hat, glaubt vielleicht, daß es auf dem Land so ziemlich gleichgültig ist, wo ein Haus steht, Hauptsache, es ist schön in der Natur plaziert. Ganz so einfach verhält es sich freilich nicht.

◆ Ein einsames Haus auf einem Hügel oder einer Hochfläche mag vielen Menschen sehr romantisch erscheinen. Der Städter, der die moderne Hektik satt hat, lebt bei dieser Vorstellung von Ruhe und Naturerlebnis auf, das ihm ein solches Haus quasi auf dem Präsentierteller der Natur zu schenken verspricht.

Doch Vorsicht! Nicht Einsamkeit wird die Bewohner eines solchen Hauses plagen, sondern die ungestüme Energie, die von allen Seiten ungeschützt darauf einwirkt. Denken Sie einmal ganz vordergründig an die starken Winde, die auf der Hochfläche herrschen, an Regenstürme, die auf das ungeschützte Gebäude eindreschen werden. Wenn Sie hier zu wohnen gedenken, müssen Sie sich im übertragenen Sinne auf einige Stürme gefaßt machen, die Ihnen in den kommenden Jahren bevorstehen.

◆ Häuser, die sich an einen Hang schmiegen, sind unproblematisch. Hier wohnt es sich vorzüglich. Der Hauseingang sollte allerdings nicht zum Hang hinzeigen, sondern ins Tal blicken. In dieser Lage ist das Haus vor der Kraft der Elemente weitgehend geschützt, und schlechte Energie strömt vom Hang über das Haus hinweg ins Tal und läßt das Haus selbst davon unberührt.

Blickt die dem Hang abgewandte Hausfront dazuhin noch nach Süden, können Sie überglücklich sein: Der Süden gilt dem Feng Shui als eine Quelle von Wärme und Wonne und Reichtum. Das Gegenteil davon ist der Fall, wenn das Haus mit seiner vorderen Seite nach Norden ausgerichtet ist.

◆ Ein Haus, das in einer Mulde liegt, gilt als weniger günstig. Zwar scheint es vor Wind und Wetter geschützt wie das Haus am Hang, doch der Energiestrom kann sich zwischen den Hängen, die das Gebäude recht bedrängend umschließen, richtiggehend fangen und im Kreis wirbeln.

Da die mit hoher Geschwindigkeit kreisenden Energiebahnen

nicht so einfach wieder entweichen können, wirbeln sie längere Zeit im Kreis. Dabei bekommen das Haus und seine Bewohner unter Umständen zuviel Störenergie ab.

Abgesehen von diesen grundsätzlichen Konstellationen eines Hauses in der freien Natur müssen Sie natürlich auch die konkrete Situation einfühlsam untersuchen.

Welchen Eindruck macht die Landschaft auf Sie, wenn Sie sich ihrer Wirkung ungezwungen hingeben? Fühlen Sie sich an diesem Ort tatsächlich wohl, oder ist es nur der erste Eindruck, der nach einiger Zeit wieder verfliegt? Vielleicht brauchten Sie nur etwas Abwechslung, um aus dem Trott Ihres Alltags herauszukommen, und sobald Sie sich entspannt haben, empfinden Sie nur noch wenig für dieses Haus.

Betrachten Sie die einzelnen Elemente der Landschaft: das Tal, die Hügel, den Wald, einen Bach oder einen See, Straßen. In welcher Beziehung steht das Haus zu anderen Häusern in der Nähe?

Verlassen Sie den Ort, ohne eine Entscheidung zu treffen, und kehren Sie in der nächsten Zeit zurück. Fragen Sie sich dann, ob Sie sich hier für alle Zeit wohl fühlen werden. Malen Sie sich aus, wie sich das Leben für Sie hier gestalten würde.

Wo man die Natur subtil in das Planen einbezieht, ergibt sich ein gutes Feng Shui oft von selbst.

Wasser hat eine eigene Kraft

Zwischen einem sanft ansteigenden Hügel im Rücken und einem Wasserlauf vorne ergibt sich ein sehr angenehmer Chi-Fluß.

Wasser gilt als das wichtigste und kraftvollste aller Elemente, als Träger von Reichtum und Wohlstand. Gemeint ist natürlich nicht das verschmutzte Wasser eines einbetonierten, kerzengerade verlaufenden Flusses in unserer Industrielandschaft, sondern klares Wasser, das in schön geschwungenen Mäandern eines stolzen Flußlaufes vorwärtsströmt. Wasser in diesem Kontext bindet viel Chi und befördert es durchs Land. Häuser in der Nähe eines solchen Flußlaufs profitieren von diesem vitalen Lebensstrom.

In diesem Zusammenhang wird ein wichtiges Prinzip des Feng Shui deutlich: Wasser gilt zwar als hervorragender Energieträger, aber Wasser allein macht nicht glücklich. Zuviel des Guten schlägt sehr rasch ins Gegenteil um. Dahinter steckt das Prinzip des Yin Yang, der beiden polaren Kräfte des Seins, die stetig wechseln, sich immerfort verändern. Niemals gilt nur der eine Pol, niemals der andere. Die richtige harmonische Mischung ist entscheidend.

Wasser transportiert eine hohe Energie, die sowohl nützen als auch schaden kann. Deshalb sollte Wasser als Element des Wohnens mit Bedacht und Sorgfalt eingesetzt werden.

◆ Ein Haus an einem geraden Flußlauf, etwa einem Kanal, müssen Sie meiden. Auch ein reißendes Gewässer, so romantisch es anmuten mag, verströmt keine beruhigende, durchflutende Energie, sondern schießt Giftpfeile auf die Gebäude, die es säumen.

◆ Wasser in einem See oder Teich setzt dieselbe Energie frei wie Wasser in Bewegung. Es kann sich um einen natürlichen See handeln, genauso kann es ein künstlich angelegter See in einem Park sein. Oder Sie können auch einen Teich in Ihrem Garten anlegen.

◆ Als ideal gilt ein Haus, das im Rücken einen sanft ansteigenden Hügel hat und vor sich in einiger Entfernung einen schönen, natürlichen Flußlauf: im Rücken die Sicherheit des Bergrückens, vorne der Ausblick und das kraftverströmende Wasser. Ein besseres Feng Shui kann man sich nicht wünschen!

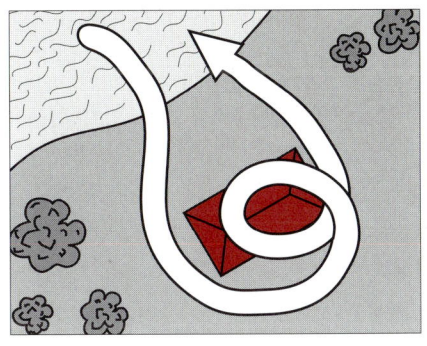

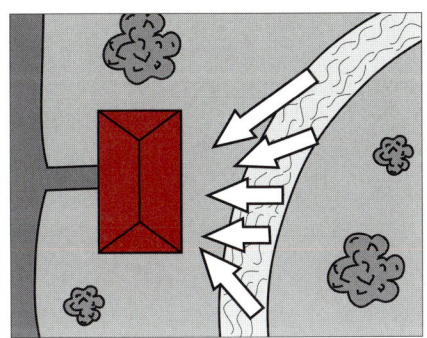

Ein See hat einen guten Einfluß auf ein Haus (Abb. links). Fließendes Wasser unmittelbar hinter dem Haus (Abb. rechts) wirkt negativ.

◆ Ein Haus in unmittelbarer Nähe des Meeres ist einem weniger positiven Feng Shui ausgesetzt als eines, das am Ufer eines großen Sees liegt. Das Meer versinnbildlicht nicht nur die zerstörerische Kraft, die auch dem Wasser innewohnt, sondern es wirkt sich oft nachteilig auf nahe in seinem Bereich liegende Gebäude aus.

◆ Niemals sollte sich Wasser – als Fluß oder See – unmittelbar hinter Ihrem Haus befinden. Ein Gartenteich ist etwas anderes, weil er we-

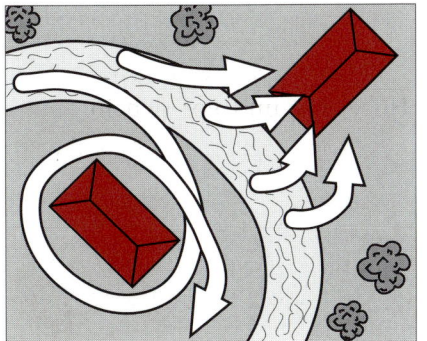

nig Wasser enthält, künstlich angelegt ist und deshalb keine so starke Energie verströmen kann wie eine mächtige Ansammlung von Wasser. Wenn Wasser durch Unterspülung das Fundament eines Hauses gefährden könnte, dann bedeutet das auch unter dem Feng-Shui-Aspekt eine Gefährdung der Harmonie im Haus.

◆ Ein Haus, das im Mäanderknie eines friedlich dahinströmenden Flußlaufs liegt, ist einerseits sehr geschützt, vom Wasser nicht gefährdet, hat aber andererseits an der kraftvollen Energie, die das Wasser freisetzt, voll teil.

Ein Haus auf der gegenüberliegenden Seite ist gefährdet, weil all jene Energie, die bei der Umrundung aus der Bahn des Flusses bricht, als Giftpfeile auf das Haus eindringt und sein energetisches Gleichgewicht stört.

Ein Haus in einer Flußbiegung wird ungünstiger von der Energieströmung beeinflußt als ein Haus am Knie des Flusses.

DIE IDEALE WOHNUNG

Ob Sie eine Wohnung mieten oder kaufen wollen, ist gleichgültig, nur werden Sie zu einer „eigenen" Wohnung natürlich eine innigere Beziehung aufbauen als zu einer nur angemieteten.

Die eigene Wohnung ist wie ein lebendiges Wesen

Die Mietwohnung läßt man eher wieder im Stich, wenn man sich in ihr nicht wohl fühlt. Die eigenen vier Wände gibt man dagegen nicht so leicht wieder auf, dies nicht nur, weil ein Wohnungsverkauf und eine anschließende Neuerwerbung mit vielen Mühen verbunden ist und auch eine Menge Geld kosten kann, sondern weil man in ein Eigentum – wie bei einem Haus – mehr an Emotionen investiert. Der eigene Wohnraum ist wie ein lebendiges Wesen, mit dem man von der ersten Stunde des Kaufs an auf eine eigentümliche Weise verwächst.

Die Konsequenzen aus dem eben Gesagten sind klar: Wählen Sie eine Mietwohnung klug aus, und seien Sie kompromißlos. Ihr eigenes Wohlbefinden und Glück hängt davon mehr ab, als Sie vielleicht glauben mögen. Kaufen Sie aber eine Wohnung, dann sollten Sie die in Frage kommenden Objekte wirklich gründlich prüfen.

Auch wenn Sie „nur" eine Wohnung suchen, müssen Sie natürlich ebenso wie ein Hauskäufer beachten, wo und wie das Haus liegt, in dem sich Ihre Wohnung befindet.

Hauseingang und gemeinsames Treppenhaus

Der Eingang zu Ihrem Lebensbereich ist bereits die Haustür, auch wenn Sie nicht über das ganze Haus verfügen. Ein gedankenlos geplanter Hauseingang, dazu noch dunkel und lieblos gepflegt, drückt beim Betreten des Hauses sofort auf die

Auch bei einer Mietwohnung sollten Sie bei der Auswahl Sorgfalt walten lassen. Das Argument, Sie könnten jederzeit wieder ausziehen, wiegt nicht schwer, wenn Sie bedenken, wie unglücklich Ihr Leben in einer falschen Wohnung verlaufen kann.

Einen dunklen Hauseingang oder eine dunkle Treppe kann man mit elektrischer Beleuchtung verbessern. Spiegel vergrößern zu enge Räumlichkeiten.

Stimmung. Man selbst mag sich damit nach einiger Zeit abfinden, aber der Stachel sitzt tief im Bewußtsein. Ihre Gäste dagegen werden sofort vom negativen Chi niedergedrückt. Selbst wenn Ihre Wohnung ein Feng-Shui-Juwel wäre, mindert der üble Einfluß des Treppenhauses das an sich starke positive Energiefeld der Wohnräume.

Eine weite Eingangshalle, die man durch die sich nach innen öffnende Haustür betritt, ist ein großes Plus. Auch sollte die Haustür nicht zu klein sein, damit viel Chi einfließen und sich in der Vorhalle ausbreiten kann.

Eine Drehtür aus Glas zieht gutes Chi an und wirbelt es in den Treppenaufgang. Skepsis ist gegenüber Vordächern angebracht, weil diese oft mit Winkel eine Giftpfeilwirkung ausüben und gutes Chi abhalten. Vorteilhaft für eine gute Chi-Anziehung ist eine weiche, runde und filigrane Gestaltung der Eingangstür. Was Ihrem Auge gefällt, kann auch den Energiestrom nicht negativ beeinflussen.

Wichtig sind die Lichtverhältnisse im Eingangsbereich und auf der Treppe. Eine düstere Atmosphäre deprimiert und irritiert den Fluß des Chi. Falls der Eingangsbereich nicht hoch genug ist, kann man die als zu niedrig empfundene Decke mit speziellen Halogenstrahlern in helles Licht tauchen, was den Raum angenehmer erscheinen läßt.

Wer eine Wohnung mietet, wird kaum die Chance haben, Hauseingang und Treppenhaus umzugestalten. Es bleibt Ihnen also nichts anderes übrig, als die Entscheidung für eine bestimmte Wohnung auch von der gestalterischen Qualität des Hauseingangs und der Treppe abhängig zu machen. Beachten Sie noch folgende Punkte bei der Prüfung des Hauseingangs:

◆ Die Treppe soll nicht unmittelbar dem Hauseingang gegenüberliegen.

◆ Ebensowenig darf die Treppe direkt in Richtung der Wohnungstür enden.

◆ Nehmen Sie Abstand von Wendeltreppen, da sie sich – bildlich gesprochen – schmerzlich ins Haus hineinbohren, was keine harmonische Verbindung zwischen der Treppe und den einzelnen Stockwerken herstellt. Besonders problematisch ist es, wenn eine Wendeltreppe den Hausaufgang dominiert.

◆ Abzuraten ist auch von der Verwendung von schmalen Wendeltreppen innerhalb einer Wohnung auf zwei Stockwerken.

Eingangsbereich der Wohnung

Durch Ihre Wohnungstür – vergleichen Sie sie mit dem Mund eines Lebewesens – strömt alle Energie von außen. Deshalb ist die Gestaltung dieses Bereichs enorm wichtig. Die Wohnungstür ist sozusagen die Visitenkarte eines guten Feng Shui.

◆ Ein zu langer Flur, der vom Treppenbereich zu Ihrer Wohnungstür führt, beschleunigt den Energiestrom, der dann zu heftig in die Wohnung eintritt. Da für eine gute Atmosphäre das Gleichgewicht ausschlaggebend ist, darf das Chi weder zu schwach noch zu stark sein.

In „Ihrem" Korridor können Sie aber – im Gegensatz zum gemeinschaftlich genutzten Eingangsbereich des Treppenhauses – selbst etwas tun. Eine solche Investition ist sinnvoll, und Sie brauchen auch nicht viel Geld dafür hinzulegen. Stellen Sie dem Energiestrom einfach eine geeignete Pflanze (keinensfalls mit spitzen Blättern!) entgegen, die ihn abbremst und vor allem die ungünstige geradlinige Energiebahn in Wellen verwandelt.

◆ Je größer und massiger die Wohnungstür, um so günstiger entwickelt sich die Energiesituation. Eine machtvolle Tür garantiert den Bewohnern der dahinter liegenden Räume Sicherheit, Ruhe und Stabilität. Ungünstig sind Türen aus Glas oder, wenn auch äußerst massiv, solche aus Stahl. Am natürlichsten wirkt sich eine Tür aus schönem, dickem Holz aus.

Welcher Raum für welchen Zweck?

Wenn man ein Haus bauen will, kann man natürlich die Raumaufteilung vorher genau überlegen und planen. Eine Wohnung hingegen ist fertig. Man akzeptiert sie, wie sie ist, oder läßt die Finger davon.

Ein Wort noch zu möglichen Kompromissen. Die Wohnung zu finden, die allen Forderungen des Feng Shui gerecht wird, ist sicher fast unmöglich, schon deshalb, weil in unseren Breitengraden die Prinzipien des Feng Shui nicht Grundlage der Architektur sind. Außer Feng-Shui-Anforderungen muß man bei der Wohnungsauswahl und -gestaltung natürlich viele andere Gesichtspunkte berücksichtigen. Einige davon – etwa die finanziellen Möglichkeiten, die man zur Verfügung hat – geben sicher eher den Ausschlag für Kauf oder Anmietung als Feng-Shui-gerechte Gestaltung.

Wer eine Drei- oder Vierzimmerwohnung mietet, hat meist keine Entscheidungsmöglichkeit, in welchem Raum er das Wohnzimmer einrichten will und wo das Schlafzimmer. Solche Wohnungen haben den Verwendungszweck der zur Verfügung stehenden Räume bereits bei der Planung vordefiniert. Sie müssen sich mit den vorgegebenen Räumlichkeiten abfinden, weil beispielsweise der Raum für das Schlafzimmer wesentlich kleiner ist oder zur verkehrsgünstigeren Hausseite weist, wo man nachts besser schlafen kann. Hier noch ein paar Hinweise, wie die Räume geschnitten sein sollten:

◆ Runde Räume oder solche, die wie ein T, L oder U geschnitten sind, sind ungünstig, ebenso drei- oder fünfeckige Zimmer. Feng Shui schreibt normalerweise quadratische oder rechteckige Räume vor.

◆ Leicht kann ein an sich rechteckiger Raum zu einem L-förmigen werden, wenn man die Naßzelle noch berücksichtigt, die oft ins Schlafzimmer integriert ist, oder die kleine Küche im Wohnraum.

◆ Räume mit schrägen Wänden, also unter dem Dach, sind immer nachteilig für ein gutes Feng Shui. Egal, wie man die Möbel anordnet, die Dachschräge legt sich einem wie ein Bleigewicht aufs Gemüt. Besonders schlimm ist es, wenn man ein Bett mit dem Kopfende unter einer Dachschräge plaziert.

Es ist kein Wunder, wenn manche Menschen, die so zu schlafen pflegen, über Schlafstörungen oder Kopfschmerzen klagen.

Der Mund des Chi – Flur oder Vorraum

Die meisten Wohnungen verfügen über einen Vorraum oder Flur, von dem aus der Besucher in die einzelnen Räume gelangt.

Dieser kleine Raum ist die Visitenkarte der Wohnung. Sie vermittelt einen ersten Eindruck vom Wohnungsinhaber. Eine lieblose Ausstattung, die eher zufällig ist, wirkt nicht stimulierend auf das einströmende Chi und kann es auch nicht effektiv in die anderen Räume weiterleiten.

Falsch ist es auch, leere Kartons oder anderes Gerümpel einfach in einer Ecke abzustellen oder Kleidungsstücke nicht an eine Garderobe aufzuhängen, sondern irgendwo in eine Ecke zu werfen.

Bedenken Sie folgende Punkte, wenn Sie einen Vorraum in Ihrer Wohnung einrichten wollen:

◆ Kleidungsstücke und Schuhe sollten Sie nicht offen, sondern in Schränken oder hinter einem Vorhang aufbewahren.

◆ Endet die Haustreppe vor der Wohnungstür, sollten Sie innerhalb der Wohnung im Eingangsbereich ein Glockenspiel aufhängen, das den direkten Energiestrom aufhält.

◆ Plazieren Sie gegenüber der Wohnungstür ein Bild oder Dekorationsstücke auf einem niederen Schrank oder in einer Vitrine: Der Blick soll beim Eintreten auf etwas besonders Schönes und Angenehmes fallen.

◆ Gegenüber der Innentür dürfen Sie keinen Spiegel anbringen, in dem sich der Gast sofort sehen kann. Das einströmende Chi würde sofort wieder hinauskatapultiert.

◆ Fußboden und Wände sollten in freundlichen Farben gehalten sein. Feng Shui empfiehlt Weiß, Hellblau oder Mintgrün.

Wohnen im Einzimmer-Appartement

Ohne Vorraum gelangt man sofort in den gesamten Wohnbereich, wo die Bereiche für Wohnen, Kochen und Schlafen nicht abgetrennt sind. Auch hier können Sie mit Feng-Shui-Prinzipien die Energieströme ordnen.

Wichtig ist, daß der Küchenbereich, falls er offen in den Raum hineinragt, durch eine Falttür abgetrennt wird. Das ist schon deshalb sinnvoll, weil auch eine Dunstabzugshaube nicht alle Küchengerüche abhält, und im Wohnzimmer will man schließlich keine Kochdünste in der Nase haben.

Sitzgruppe und Eßtisch sollte man mit einem Paravent vor allzu

Mit einer Falttür vor der ursprünglich offenen Küchenzeile und einem Paravent vor dem Eßtisch läßt sich die offene Wohnfläche eines Appartements nach Feng-Shui-Regeln praktikabel aufteilen.

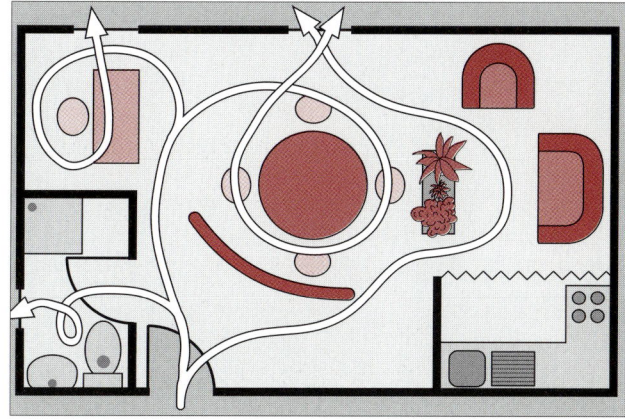

heftigem Chi schützen. In der Regel wird das Sofa nachts zum Bett umfunktioniert: Also ist auch da eine sorgfältige Energieverteilung zu berücksichtigen.

Das Wohnzimmer als Zentrum des Familienlebens

Im Wohnzimmer lebt man. Meistens dient es auch als Eßzimmer. Deshalb sollte man sich überlegen, wie man die einzelnen Möbel plaziert, um eine geschickte Verteilung des Energiestroms zu bewirken.

Das Chi, das zur Zimmertür hereingelangt, soll nicht durch das Fenster wieder ins Freie strömen. Chi muß im Raum zirkulieren können, muß dort auf die Menschen einwirken, sie umfließen können. Entspre-

Dieses Wohnzimmer wirkt heillos überladen. Man hat das Gefühl, daß hier für einen Menschen kein Platz mehr ist. Entsprechend chaotisch verlaufen die Energieströme.

chend müssen die Einrichtungsgegenstände im Raum angeordnet sein. Am besten zeichnen Sie sich den Grundriß Ihres künftigen Wohnzimmers einmal auf. Dann plazieren Sie mit dem Bleistift – der Radiergummi hilft Ihnen beim Ändern! – die Möbel. Beachten Sie dabei bitte folgende Spielregeln:

◆ Türen und Fenster dürfen sich nicht unmittelbar gegenüberliegen, weil das Chi sonst mit unverminderter Geschwindigkeit durch den Raum zieht und die Energieströme in den Möbeln und Menschen im Raum kaum beeinflußt. Dagegen hilft ein Paravent, der die direkte Verbindung Tür–Fenster unterbricht, oder eine frei im Raum stehende Bücher- oder Blumenwand. Auch ein Glockenspiel an der Decke in diesem Bahnbereich kann das Chi etwas ablenken.

◆ Sitzmöbel sollten möglichst nicht frei im Raum aufgestellt werden, da so die Sitzenden verunsichert werden: Jederzeit kann etwas in ihrem Rücken geschehen. Bequeme Sitzgelegenheiten müssen mit dem Rückenteil an der Wand stehen. In diesem Fall darf auch zwischen Sitzgelegenheit und Wand nicht zuviel Raum sein.

48

Auch mit Paravents, frei stehenden Bücherregalen und Blumentrögen mit zimmerhohen Grünpflanzen lassen sich wirksame Schutzbarrieren bilden, gegen die man Sofas und andere Sitzmöbel stellen kann.

◆ Mit Vorhängen läßt sich der zu rasche Abfluß des Chi bremsen. Doch Vorhänge wird man nur abends zuziehen. Um auch tagsüber das Chi länger im Raum zu halten, sollte man an die Fenster leichte Gardinen hängen. Sie filtern das Licht angenehm und bremsen den Chi-Abfluß.

◆ Ist eine Arbeitsecke ins Wohnzimmer integriert, soll diese zwar abseits des Energiestroms stehen, damit man konzentriert arbeiten kann. Aber auch hier ist es unerläßlich, daß man nicht die Wand anstarrt, sondern mit dem Rücken zur Wand Raum und Türen überblickt, wenn man von der Arbeit aufschaut. Wichtig ist auch, daß der Arbeitsplatz genügend Tageslicht abbekommt. Befände er sich im Schatten, hieße das auch, daß er so gut wie nichts von der Raumenergie abbekommt.

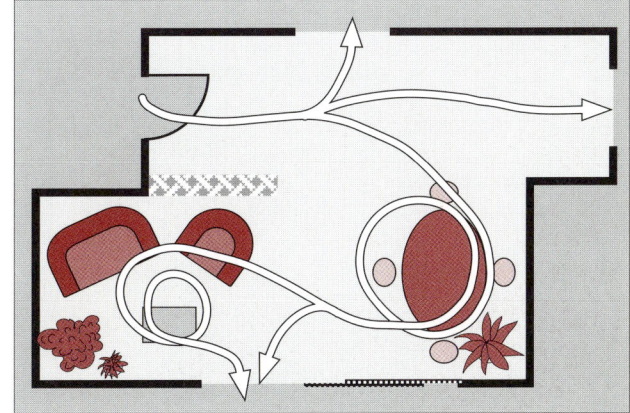

◆ Geizen Sie nicht mit Licht! Der Wohnraum soll grundsätzlich sehr gut ausgeleuchtet sein. Das heißt aber nicht, daß man in einer romantischen Laune die Helligkeit nicht auch dämpfen können soll. Man kann die Beleuchtung mittels eines Dimmers, indirekter Beleuchtungskörper oder Steh- und Tischlampen nach Bedarf reduzieren.

◆ Vermeiden Sie „tote" Ecken im Raum. Gerade dort müssen Sie Akzente setzen, die Leben bedeuten, beispielsweise Pflanzen oder andere Feng-Shui-Hilfsmittel plazieren.

◆ Die Farbe von Fußboden und Tapeten sollte hell und freundlich gehalten sein. In Frage kommen Grün, Blau, Ocker, Weiß und Gelb.

◆ Auch Lampen müssen mit Bedacht plaziert werden! Eine von der Decke hängende Lampe sollte man niemals direkt über dem Kopf haben. Die elektrische Energie der Lampe drückt auf den Kopf und kann Unwohlsein oder Kopfschmerzen hervorrufen. Ideal sind Lampen, mit denen man Wände und Decken anstrahlt und so indirektes Licht schafft.

◆ Deckenbalken sind ein Übel. Zumindest sollte man sich niemals direkt unter einen Balken setzen, denn dieser „lastet" auf einem und stört empfindlich das energetische Gleichgewicht.

Dasselbe gilt für Dachschrägen, unter denen man nicht günstig sitzt. Das Dach fällt einem buchstäblich auf den Kopf, und wenn man beim Aufstehen nicht daran denkt, daß man unter dem Dach sitzt, bekommt man den Sinn dieses Spruchs leibhaftig eingebleut.

Ein Sitzmöbel diagonal in einer Ecke plaziert ist ungünstig, weil die im Winkel von 90 Grad zueinander positionierten Raumwände eine Zangenwirkung auf den im Sessel Sitzenden ausüben. Abhilfe: den Sessel gerade gegen eine Wand drehen oder die Ecke mit einem Eckschrank egalisieren.

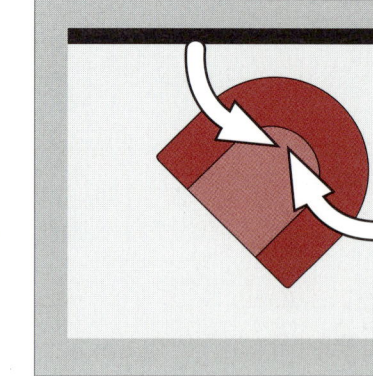

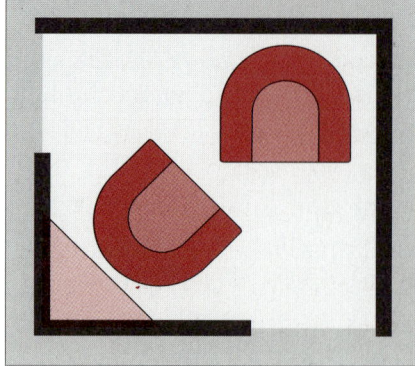

◆ Man stellt gern einen Sessel diagonal in eine Raumecke. Doch dabei nehmen die beiden Wände den Sessel sozusagen in die Zange. Vermutlich werden Sie sich in dieser Position nicht sehr wohl fühlen.

Chi und der persönliche Stil

Über Geschmack kann man sich streiten. Wie aber bekommt man die Regeln des Feng Shui und verschiedene Geschmacksrichtungen (oder besser: Einrichtungsstile) unter einen Hut?

Da steht ein Wohnzimmer im traditionellen machtvollen altdeutschen Stil gegen eines in nüchternem Techno-Look: Sitzmöbel und Tisch spartanisch aus Eisenstäben geschmiedet, dünne Bücherregale an der Wand, moderne Skulpturen in den Ecken, eine Neonskulptur neben der Tür – und sonst nichts. Und eine dritte Variante: Die Wände voll mit Einfachstbücherregalen aus dem Bausatz, schlichte Versandhausmöbel, Bücherstapel und Kartonkisten mit Krimskrams.

Vermutlich fühlen sich alle Besitzer in ihrem jeweiligen Wohnzimmer wohl, denn sie haben sich ja für dieses Design entschieden. Auch kann man die unterschiedlichsten Wohnstile mit Feng Shui realisieren. Für alle Stilarten gelten aber dieselben Regeln. In einem hypermodernen Wohnzimmer dürfen die Möbel ebenfalls nicht gegenseitig mit ihren Kanten aufeinander weisen. Ein Zimmer kann auch – gleich welchen Stil es favorisiert – überladen oder zu unpersönlich, nackt erscheinen. Im einen Fall richtet die Überfülle an Elementen – hier ein Sofa, dort eine Ecke mit Blumen – ein energetisches Durcheinander an, das keine Harmonie mehr aufkommen lassen kann, auch wenn an jedem einzelnen Stück sein Herzblut hängt.

Aber auch eine moderne Einrichtung, die sich sehr kühl und spartanisch gibt, kann gerade durch diese Zurückhaltung den Energiefluß verkümmern lassen und ihre Bewohner aus dem harmonischen Gleichgewicht kippen. Was man als moderne Zurückhaltung ansieht, läuft im Grunde auf eine Verarmung oder Unterdrückung warmer Gefühle hinaus.

Jeder muß für sich herausfinden, ob er sich in seiner Umgebung wohl fühlt. Ehrlichkeit sich selbst gegenüber ist dabei angesagt. Wenn ein Element im Raum stört, sollte man versuchen, seine Position zu wechseln oder ganz darauf zu verzichten.

Feng Shui kritisiert nicht den persönlichen Geschmack, sondern prüft, ob die einzelnen Wohnelemente energetisch zueinander passen.

Das Kinderzimmer

Kinder reagieren empfindlich, wenn ihre Umgebung nicht stimmt. Ihnen fehlt die Erfahrung, auch mit negativen Energieeinflüssen umzugehen und sich diesen zu entziehen. Widmen Sie deshalb der Einrichtung des Kinderzimmers besondere Aufmerksamkeit, und prüfen Sie, wie sich das Chi bei den verschiedenen möglichen Möbelarrangements verhält. Überprüfen Sie das Kinderzimmer anhand folgender Kriterien:

◆ Das Kopfende des Kinderbettes sollte nach Osten zeigen und darf keinesfalls unter dem Fenster liegen.

Das Kinderzimmer rechts hat ein schlechtes Feng Shui. Chi rast durch die Tür zum Fenster hinaus. Am Schreibtisch bleibt keine Energie zurück. Der rasche Energiestrom über dem Kopf sorgt für Schlafstörungen. Schon einige wenige Änderungen (Abb. oben rechts) verbessern den Energiefluß.

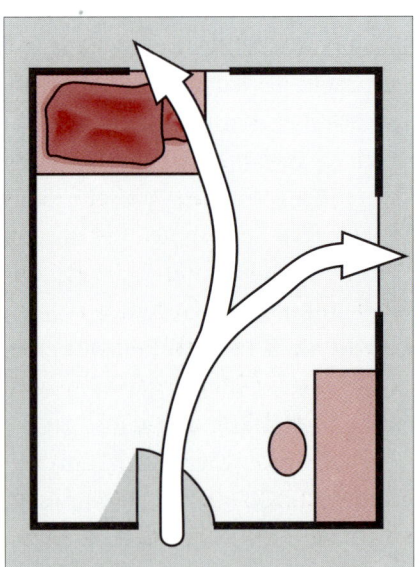

◆ Wenn Tür und Fenster sich gegenüberliegen, müssen Sie energetische Stopper anbringen oder ein Möbel, etwa den Schreibtisch, so verrücken, daß es das Chi zurückhält.

◆ Elektrogeräte erzeugen unangenehme elektromagnetische Felder. Deshalb gehören ins Kinderzimmer sowenig Elektrogeräte wie möglich. Ein eigener Fernseher beispielsweise ist Gift für die Gesundheit. Es sollten auch nicht zu viele Stromkabel herumliegen. Unnötig lange Kabel ersetzt man durch solche in gerade passender Länge.

◆ Damit der ganze Raum licht und freundlich wirkt, sind die hellen

Feng-Shui-Farben (neutrale Farben für den Bodenbelag, Grün, Blau, Rot für die Wände) angesagt. Die Möbel und Vorhänge dürfen durchaus fröhlich bunt sein, knallige Farben vermeidet man besser.

◆ Das Bett und der Platz, wo gespielt wird und die Hausaufgaben gemacht werden, sollten voneinander getrennt sein. Dazu bietet sich ein Regal als Raumteiler an, was den Raum auch optisch strukturiert und gemütlich macht und außerdem sehr praktisch ist, weil man Spielzeuge und Bücher so verstauen kann.

Das Schlafzimmer

In keinem Raum hält man sich täglich so lange auf, ohne dies wahrzunehmen, wie im Schlafzimmer. Viele Menschen legen keinen besonderen Wert auf die Gestaltung ihres Schlafzimmers. Sie haben ein anscheinend unschlagbares Argument dafür parat: Dieser Raum lohne keine aufwendigen Investitionen, weil man ihn doch nur kurz vor dem Einschlafen und nach dem Aufstehen wach und bewußt erlebe.

Das ist ein gewaltiger Irrtum! Selbst wenn man sich nur zum Schlafen dorthin zurückzieht, verharrt man jede Nacht Stunden an diesem Ort, und während des Schlafens treffen die Energien unseres Körpers auf die der Gegenstände im Raum. Schlafstörungen sind nicht schicksalhaft oder krankheitsbedingt, sondern meist Ursachen einer falschen Energieverteilung im Schlafraum.

Das Schlafzimmer dient dazu, unsere Batterien wieder aufzuladen, Körper und Geist zu regenerieren, um den Anforderungen des nächsten Tages gewachsen zu sein. Dieser Ort muß eine Atmosphäre vollkommener Entspannung und Sicherheit bieten.

Und schließlich trifft es auch nicht zu, daß wir uns ins Schlafzimmer nur zurückziehen, um sogleich die Augen zu schließen. Viele bleiben noch wach und lesen oder reden miteinander. Und im Schlafzimmer pflegen die meisten Menschen sich auch auf die intimste Weise zu begegnen. Im Liebesakt werden Bindungen zwischen den Partnern belebt und gefestigt, erfährt man sein Gegenüber auch körperlich immer wieder neu. Das Schlafzimmer ist also der wichtigste Raum einer Wohnung!

Gerade bei der Einrichtung des Schlafzimmers wird aber vieles falsch gemacht. Deshalb sollten Sie darauf ganz besonders achten. Hier

Das Schlafzimmer ist für den einzelnen und für seine Beziehung zum Partner der bedeutendste Ort in der Wohnung.

Das Fenster direkt hinter der Kopfseite des Bettes ist sehr ungünstig.

nen Türbogen mit dem angrenzenden Ankleidezimmer verbunden – ist eine energetische Katastrophe. Zumindest ein Vorhang oder eine Falttür könnten das Problem lösen.

◆ Das Kopfende soll nicht unter dem Fenster liegen. Abgesehen davon, daß man sich so sehr leicht erkälten kann, würde das Chi mit voller Kraft über einen hinwegbrausen, was den Schlaf wenig unterstützt. Das Bett gehört aber auch nicht hinter die Tür!

◆ Manche Betten haben am Kopfende einen Aufbau, auf den man Gegenstände wie einen Radiowecker oder Bücher legt. Halten Sie sich den Rücken frei! Räumen Sie alles fort. Jeder Gegenstand strahlt Energie ab, und während des Schlafs können Sie solche Störfelder nicht gebrauchen.

◆ Verzichten Sie im Schlafzimmer auf Elektrogeräte wie Fernsehapparat, Radiowecker, Elektrouhren, schnurlose Telefone oder Handys. Führen sie am oder unter dem Bett keine elektrischen Kabel. Wenn Sie unbedingt einen Elektrowecker benutzen wollen, dann schaffen Sie sich einen mit Batteriebetrieb an. Seine elektromagnetischen Störfel-

die wichtigsten Spielregeln für ein energetisch ausgeglichenes Schlafzimmer:

◆ Das Bett darf nicht beliebig aufgestellt werden! Es muß sich möglichst an der Nord-Süd-Achse orientieren. Der Kopf weist nach Norden.

◆ Das Bett darf niemals frei im Raum stehen. Das Kopfende gehört an die Wand, wenn man sicher und ruhig schlafen möchte. Schon unsere Urahnen schliefen in ihren Höhlen immer mit dem Kopf gegen die Felswand, denn wer schlief schon gerne in dem Bewußtsein ein, daß sich ihm ein Feind während des Schlafs heimlich von hinten nähern könnte?

◆ Ein Schlafzimmer ohne Tür – das Schlafzimmer ist durch einen offe-

der sind aufgrund der minimalen Spannung erträglich. Gegen eine helle Nachttischlampe ist nichts einzuwenden, verzichten Sie aber auf Halogenlampen, die mit Transformatoren arbeiten. Die gute alte Glühbirne ist besser. Und bitte keine Lampe über dem Kopf!

◆ Geizen Sie nicht am Bettzeug. Bezüge, Leintücher und Matratzen sollten aus wertvollen Naturmaterialien gefertigt sein. Keine synthetische Ware! Ein Bett aus Holz ist in jedem Fall besser als eines aus Metall, auch wenn dies modischer aussehen mag.

◆ Selbst wenn Sie im Schlafzimmer die meiste Zeit in einem anderen Bewußtseinszustand sind, ist die Gestaltung des Fußbodens, der Wände und der Decke von großer Bedeutung.

◆ Spiegel sind ein wichtiges Hilfsmittel für gutes Feng Shui. Durch Reflexion läßt sich der Energiefluß verstärken. Deshalb verwendet man Spiegel gerne in der ganzen Wohnung, um an Stellen, wo Energie fehlt, diese hinzulenken. Dies muß aber mit Bedacht geschehen.

Im Schlafzimmer pflegt man nun sehr häufig Spiegel aufzuhängen; manchmal bestehen die Türen des Kleiderschranks sogar aus Spiegelflächen. Es gibt sogar Menschen, die sich einen großen Spiegel an die Decke hängen, um sich beim Liebesspiel zu beobachten.

Im Schlafzimmer ist ein kraftvolles Chi unerwünscht, deshalb sollte man hier auf Spiegel ganz verzichten, zumindest darf kein Spiegel so aufgehängt sein, daß er von einer Seite direkt auf das Bett gerichtet ist und dorthin Energie befördert.

Die Nachttischlampen neben den Betten sind in Ordnung. Das Kopfende des Bettes liegt aber direkt unter der Dachschräge. Das kann gravierende gesundheitliche Probleme (Kopfschmerzen, Schlafstörungen) verursachen.

Dieser Spiegel hängt seitlich und ist nicht auf das Bett gerichtet. Besser aber verzichtet man im Schlafzimmer ganz auf Spiegel oder bringt sie an der Innenseite einer Schranktür an.

Spiegel behindern den Schlaf. Ein Spiegel dem Bett (Abb. links) oder dem Fenster gegenüber (Abb. rechts) verstärkt den Energiestrom, was beim Schlafen unerwünscht ist.

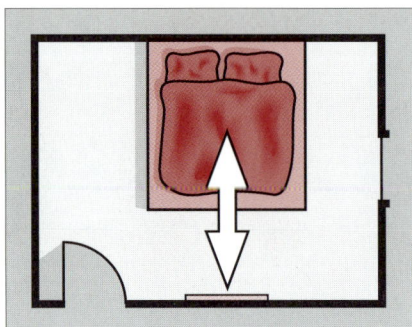
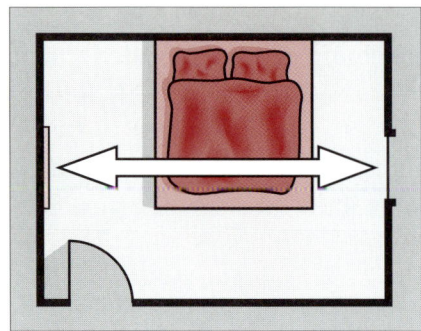

◆ Die Form des Schlafzimmers soll quadratisch oder rechteckig sein. Die L-Form gilt als besonders unangenehm.

◆ Das Bett darf nicht gegenüber der Tür stehen. Es sollte sogar möglichst weit von der Tür entfernt, also tief im Raum aufgestellt werden, damit sich zwischen Tür und Bett ein schönes, ruhiges Energiefeld aufbauen kann, das langsam zirkuliert und so besonders sanft auf die Schlafenden einwirkt.

◆ Fenster im Schlafzimmer dürfen nicht „nackt" sein. Ein schöner, leichter Vorhang läßt das Chi nur mäßig abfließen und hält es länger im Raum, wovon die Schlafenden profitieren.

◆ Über dem Kopf sollte der Schläfer absolute Raumfreiheit haben. Eine Dachschräge, Deckenbalken oder

überhängende Schränke einer Schrankwand, in die das Kopfende des Bettes eingebaut ist, sind von großem Übel.

◆ Oft zwängt man ins Schlafzimmer alle möglichen Schränke, um den ganzen Kleiderbesitz unterzubringen. Man denkt, daß man hier ruhig auch Möbel kombinieren kann, die vom Stil her nicht zueinander passen oder schon älter sind, denn Besucher dürfen selten einen Blick ins Schlafzimmer werfen. Und schließlich schläft man ja auch nur dort …

Diese fatale Einstellung führt leider aber dazu, daß man in einem solchen Raum fast nicht mehr atmen kann und von all dem Gerümpel um einen herum richtiggehend erdrückt wird.

Wenn die Tür beiderseits mit riesigen Schränken armiert ist, hält dies das Chi ab und vermindert den Energiestrom.

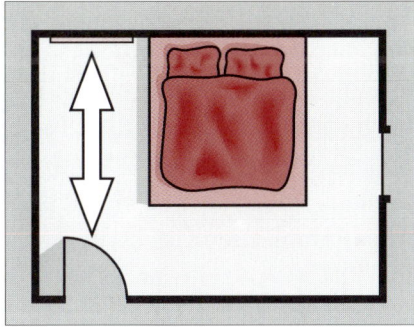

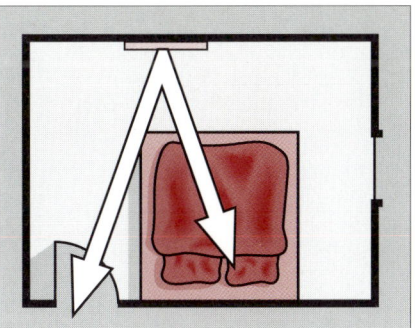

Abb. links: Der Spiegel gegen-über der Tür reflektiert die Energie in Rich-tung Tür. Abb. rechts: Hier wird die Energie von der Tür zum Spiegel und zum Bett geworfen und verstärkt.

◆ Pflanzen haben im Schlafzimmer nichts zu suchen. Besonders in der Nacht schaden sie.

◆ Ein Schlafzimmer sollte Ruhe aus-strahlen, und alles, was dagegen wirkt, gehört nicht hierher. Knall-bunte Tapeten und Deckenplatten aus Kunststoff, spiegelnde Flächen mit grellen Glitzer- und Farbeffekten haben hier nichts zu suchen und würden die Energiekonstellation unberechenbar machen. Auch Tier-felle sind schädlich, weil sie die En-ergie der getöteten Tiere einbringen.

Licht und Farben

Achten Sie einmal darauf, wie Ihr Schlafzimmer bei wechselnden Ta-geslichtverhältnissen wirkt. Früh-morgens vertreibt ein schütterer blauer Lichtschein die Schatten der Nacht, dann spiegelt sich an den Wänden (wenn sie in einem hellen Farbton tapeziert sind) das Morgen-rot, und um die Mittagszeit wird der Raum an einem wolkenlosen Tag von blendendem Weiß durchflos-sen. Gegen Abend dann wieder der Wechsel zum Dämmerlicht, zur

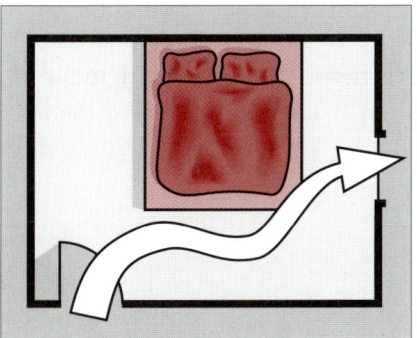

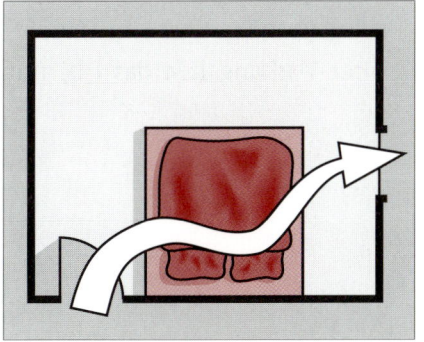

Abb. links: Chi kann frei im Raum zirkulieren. Abb. rechts: Chi bewegt sich über die Köpfe der Schlafenden hinweg, was nicht sehr günstig ist.

Die richtige Farbe für Ihr Schlafzimmer

● *Pastellfarbene Töne* *eignen sich für das Schlafzimmer am besten: Pink, Pfirsich, Zartbeige, Magnolie, Eierschale, helles Violett. Weiß ist zu grell, kräftiges Rot oder Orange zu aufdringlich, beunruhigend.*

● *Weiß gibt es in verschiedenen Nuancen. Reines Weiß läßt den Raum überstrahlen, wenn viel Außenlicht einfällt, und gibt ihm keine eigene Note, weil reines Weiß selbst keine Farbe ist und die jeweilige Farbnuance des Sonnenlichts oder des Kunstlichts aufnimmt. Eine winzige Farbbeimischung macht Weiß zu einer annehmbaren Farbe.*

● *Dunkle und kräftige Töne eignen sich nicht für einen Ort, der Entspannung schenken soll. Auch wilde Farbmuster nicht.*

● *Blautöne sind problematisch. Dunkles Blau assoziiert tiefes Wasser und bedeutet Gefahr. Ein Hauch von hellem Blau wirkt distanziert und kühl und ist eigentlich für eine wonnige, harmonische Atmosphäre im Schlafzimmer unpassend.*

Nacht. Am günstigsten ist es, im Schlafzimmer eine „natürliche" Farbe für Fußboden, Wände und Decke auszuwählen, die selbst kaum auffällt, dafür aber vom Wechselspiel des natürlichen Lichtes lebt. Wenn die Farbwahl Ihren Geist entspannt und Ihre Seele leicht macht, haben Sie die richtigen Nuancen getroffen.

Die Küche

Die Küche sollte man nicht nur zum Umschlagplatz für eine rasche Kalorienaufnahme zwischendurch, zum Zubereitungsort von Fertiggerichten, verkommen lassen, sondern bedenken, daß die Nahrungsaufnahme ein äußerst wichtiger Aspekt unserer Existenz ist. Ein gutes Chi in der Küche entscheidet darüber, wie die Speisen uns bekommen.

Ob man eine chromblitzende High-Tech-Küche hat oder eine im gemütlichen Landhausstil, ist nicht weiter entscheidend, wenn die grundsätzlichen Strukturen Feng-Shui-gemäß konditioniert sind. Viel Chrom oder anderes Metall ist allerdings problematisch, ebenso zahlreiche Elektrogeräte, ohne die es heute in der Küche nicht mehr zu gehen scheint. Auf eine Mikrowelle sollte man auf jeden Fall verzichten, da ihr elektromagnetisches Feld den natürlichen Energiefluß durcheinanderbringt. Achten Sie auf folgende wichtige Punkte:

◆ Die Küchentür darf sich nicht gegenüber den Türen der Toilette, des Badezimmers, des Schlafzimmers oder des Wohnungseingangs befinden, um von schädlichen Energien unbelastet zu sein.

◆ Halten Sie die Küchentür immer geschlossen. Essensdünste dürfen nicht ins Schlafzimmer ziehen.

◆ Der Fußboden sollte gelb oder erdfarben sein, die Wände und die Decke gelb, orange oder weiß.

◆ Koch- und Arbeitsflächen dürfen nicht zur Tür weisen, weil Sie sonst beim Arbeiten die Tür im Rücken haben. Diese Arbeitsposition ist mit Spannungen verbunden.

Toilette und Badezimmer

Hier befreien wir unseren Körper vom inneren und äußeren Schmutz. Und hier entspannen wir Körper und Geist. Deshalb vermitteln wir Ihnen hier für die Gestaltung des Badezimmers einige fundamentale Regeln:

◆ Bad und Toilette sollen vom Wohnbereich getrennt sein. Am besten siedelt man sie im hinteren Teil der Wohnung an, vielleicht noch durch einen Vorhang deutlich von der übrigen Wohnung separiert.

◆ Wenn Bad und Toilette unmittelbar am Eingang der Wohnung liegen, ist dies natürlich eine äußerst unglückliche Konstellation: der „Mülleimer" der Wohnung ist für jedermann sicht- und riechbar! Sie können in diesem Fall nur eines tun: Darauf achten, daß die Tür immer geschlossen bleibt.

◆ Sind Bad und Toilette vereint, darf man die Toilettenschüssel möglichst nicht bereits durch die geöffnete Tür sehen. Vielleicht kann man die Toilettenschüssel mit einem Vorhang abtrennen. Möglich wäre auch ein kleiner Paravent.

◆ Halten Sie die WC-Tür immer geschlossen. Üble Gerüche sollten nicht in die Wohnung ziehen. Ein Luftabzug oder Fenster im WC ist wichtig.

◆ Auch das Badezimmer soll einen lichten Eindruck machen. Fußboden und Wände hält man in Weiß, Hellblau oder Mintgrün.

Äußere Hygiene und innere Reinigung gehören eng zusammen, deshalb haben Bad und Toilette eine zentrale Bedeutung in der Wohnung.

FENG-SHUI-HILFSMITTEL

Feng Shui kennt ein ganzes Arsenal kleiner Hilfsmittel, mit denen sich die Energiesituation in einer Wohnung erstaunlich verbessern läßt. Diese Hilfsmittel sind auch deshalb interessant, weil man grobe Mängel einer Wohnung, die sich nicht ohne größere Umbauarbeiten beheben ließen, auf diese Weise mit kleinen und preiswerten Hilfsmitteln korrigieren kann.

Man kann diese Gegenstände in speziellen Geschäften für Feng-Shui-Bedarf oder in Esoterik-Buchhandlungen kaufen, aber mit etwas Phantasie können Sie auch ganz banale Gegenstände dazu einsetzen, die für Sie mit einer Erinnerung verbunden sind oder Symbolcharakter haben, etwa ein altes Foto, ein Stein oder eine Skulptur, ein Gesteck aus Trockenblumen, eine Vase.

Spiegel

Mit einem Spiegel können Sie jeden Raum wesentlich verändern, da sich damit das Energiepotential des Raums beeinflussen läßt. Freilich muß das nicht immer zum Segen geraten: Spiegel vermögen innenarchitektonische Mängel elegant zu beheben, sie können aber auch den Chi-Fluß zusammenbrechen lassen oder so beschleunigen, daß die Energie außer Rand und Band gerät.

Wenn Sie einen Spiegel neu aufhängen, müssen Sie etwas herumprobieren. Sobald der Spiegel hängt, gehen Sie einfach in den Raum, und lassen Sie die gesamte Atmosphäre auf sich wirken. Empfinden Sie innere Ruhe, oder stört Sie etwas? Gefällt Ihnen die Raumerweiterung, die der Spiegel schafft, oder mögen Sie diesen Effekt nicht? Hängen Sie den Spiegel um, lassen Sie seine neue Position auf sich wirken.

◆ Nach innen gewölbte Spiegel fassen das Chi zusammen und leiten den Energiestrom stark gebündelt in den Raum.

◆ Nach außen gewölbte Spiegel zerstreuen das Chi und werfen die et-

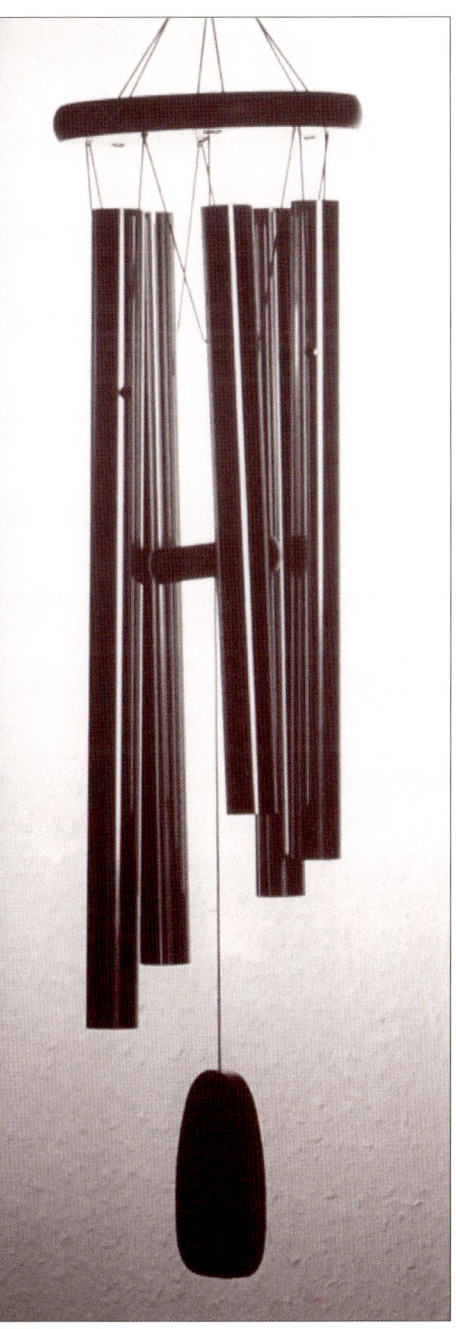

was abgeschwächte Energie breit ins Zimmer. Man wählt diejenige Spiegelform aus, deren Effekt – gebündelte, zielgerichtete, starke Energie oder ein gleichmäßiger, jedoch punktuell viel schwächer wirkender Enegiestrom – man in einer bestimmten Situation wünscht.

◆ Die Wirkung eines Spiegels hängt auch von seiner Größe ab.

Ein Wandspiegel hat natürlich ein Riesenpotential an Energie, mit der man vorsichtig umgehen muß, denn ein Zuviel an reflektierter und dadurch um ein vielfaches verstärkter Energie kann großen Schaden anrichten. Besonders von Spiegelwänden sollte man Abstand nehmen, da sie nicht nur Energieströme reflektieren, sondern durch die Schaffung eines imaginären Spiegelraums, der dem gespiegelten Original völlig gleicht, unbeherrschbare Energiekonstellationen schaffen.

◆ Spiegel müssen immer blitzblank sein. Blinde Stellen oder ein Schmutzfilm auf ihrer Oberfläche stören das Reflexionsvermögen. Auch sind Spiegel mit Bemalung oder Mosaikeinlagen nicht sehr günstig, weil sie ihre eigentliche Funktion, die Reflexion der Energie, nicht vollständig erfüllen können.

Ein Windspiel selbst erzeugt keine Energie, es macht aber mit den Schwingungen seiner Klangröhren die feinsten Regungen des Chi wahrnehmbar.

◆ Wenn Sie einen Spiegel aufhängen, sollte er immer ein angenehmes Bild reflektieren, also beispielsweise nicht die Tür zur Toilette oder eine Ecke, in der Sie Gerümpel abzustellen pflegen.

◆ Ein Spiegel darf auch nie die Wohnungstür oder eine andere Raumtür unmittelbar reflektieren. Er würde die auf ihn fallende Energie sofort wieder zurückwerfen, und für den Raum bliebe nichts mehr an Energie übrig. Spiegel können Energieströme also nicht nur gezielt in eine gewünschte Richtung lenken oder verstärken, sondern auch zurückweisen.

Kristalle und Steine

Steine und Kristalle sind geheimnisvolle Zeugen der Erdgeschichte. Geheimnisvoll ist auch ihr Alter und die Kraft, die sich in Jahrtausenden ihres Wachsens angesammelt und konzentriert hat. Nicht umsonst schreibt man ihnen sogar eine gewisse heilende Fähigkeit zu.

Kristalle und Steine neutralisieren negative Energien und halten damit schädliche Einflüsse von der Wohnung ab. Man hängt sie innen am Fenster auf oder legt sie an geeignete Stellen auf Möbel.

Für Feng-Shui-Zwecke sollte man nur symmetrisch geschliffene Steine verwenden, weil asymmetrische Formen das Energiepotential stören können. Kristalle und Steine sollten nicht zu groß sein. Zu große Kristalle erzeugen zuviel Energie, die wiederum einen störenden Effekt haben kann.

Pflanzen

Pflanzen und Tiere strahlen Energie ab, die in Wohnungsbereichen, die energetisch unterversorgt sind, einen wichtigen Energieakzent setzen können. Pflanzen sollten runde, keine spitzen Blätter haben, denn die letzteren würden Giftpfeile verschießen. Kakteen stehen zwar für Wohlstand, da sie Wasser speichern, aber ihre Stacheln schaffen energetische Probleme. Kletterpflanzen sind mit Vorsicht zu genießen, besonders an der Außenwand des Hauses. Sie können alles einwachsen und damit Energie dämpfen und einen Zustand der Beklemmung hervorrufen.

Windspiele

Bewegliche Objekte wie Mobiles oder Windspiele hängt man an der Decke auf, möglichst in der Nähe einer Tür oder eines Fensters. Der ständige Luftzug versetzt die leichten Gebilde in ständige Bewegung. Diese Objekte erzeugen selbst keine Energie, sie filtern und steuern aber die Energie, die sie umfließt.

◆ Man setzt sie gerne ein, wenn man befürchtet, daß Chi aus einem Fenster zu rasch abfließen könnte.

◆ Wenn in einem Raum unterschiedliche Energieströme aufeinandertreffen und so ungünstige Wirbel entstehen würden, ordnen Mobiles und Windspiele das Energiechaos.

◆ Die bewegten Objekte sind auch ein sicherer Indikator für einen belebenden Energiefluß. Wenn Mobiles stillstehen oder Windspiele nicht den leisesten Klang von sich geben, ist dies ein Zeichen, daß der Energiefluß stagniert. Es herrscht „dicke Luft".

Wasserspiele und Zimmerbrunnen

Günstig für die Verbesserung des Raums ist auch ein kleiner Zimmerbrunnen, bei dem Wasser in Kaskaden über einen Stein nach unten fließt und von einer Elektropumpe wieder hochgepumpt wird. Das Wasser verbessert das Raumklima, indem es die Luft mit Feuchtigkeit anreichert, und wirkt sich harmonisierend auf die Raumenergie aus.

ADRESSEN

Feng Shui Raumprocessing und Mental-Design, Valparaisostr. 20, 22761 Hamburg, Tel. 040/89 64 42, Fax 040/899 19 38

Habito - Lebensraumberatung, Schuhgasse 12, 71083 Herrenberg, Tel. 07032/952140, Fax 07032/952141

Wunderbar–Esoterik und mehr, Bahnhofstr. 118, 70736 Fellbach, Tel. u. Fax 0711/57 48 68

REGISTER